DIVORCIADOS
VIVENDO EM SEGUNDO CASAMENTO

Philippe Bordeyne

DIVORCIADOS
VIVENDO EM SEGUNDO CASAMENTO

O que muda com o PAPA FRANCISCO

Dados Internacionais de Catalogação na Publicação (CIP)
(Câmara Brasileira do Livro, SP, Brasil)

Bordeyne, Philippe
Divorciados vivendo em segundo casamento : o que muda com o Papa
Francisco / Philippe Bordeyne ; tradução de José J. Queiroz -- São Paulo :
Paulinas, 2021.
88 p. (Recepção)

ISBN 978-85-356-4601-6
Título original: Divorcés remariés: ce qui change avec François

1. Divórcio - Aspectos religiosos - Igreja Católica 2. Segundas núpcias
- Aspectos religiosos 3. Matrimônio - Aspectos religiosos I. Título
II. Queiroz, José J. III. Série

20-1041 CDD 261.83589

Índice para catálogo sistemático:
1. Segundo casamento - Aspectos religiosos 261.83589

Título original: Divorcés remariés: ce qui change avec François
© Éditions Salvator, Paris, 2017. Yves Briend Éditeur S.A.

1ª edição – 2021

Direção-geral: *Flávia Reginatto*
Editores responsáveis: *Vera Ivanise Bombonatto*
João Décio Passos
Tradução: *José J. Queiroz*
Copidesque: *Mônica Elaine G. S. da Costa*
Coordenação de revisão: *Marina Mendonça*
Revisão: *Ana Cecilia Mari*
Gerente de produção: *Felício Calegaro Neto*
Capa e projeto gráfico: *Jéssica Diniz Souza*
Imagem de capa: *Dephosit Photos – phase4studios*

Nenhuma parte desta obra poderá ser reproduzida ou transmitida
por qualquer forma e/ou quaisquer meios (eletrônico ou mecânico,
incluindo fotocópia e gravação) ou arquivada em qualquer sistema ou
banco de dados sem permissão escrita da Editora. Direitos reservados.

Paulinas

Rua Dona Inácia Uchoa, 62
04110-020 – São Paulo – SP (Brasil)
Tel.: (11) 2125-3500
http://www.paulinas.com.br – editora@paulinas.com.br
Telemarketing e SAC: 0800-7010081

© Pia Sociedade Filhas de São Paulo – São Paulo, 2021

"Iluminada pelo olhar de Cristo,
a Igreja dirige-se com amor àqueles
que participam na sua vida de modo incompleto,
reconhecendo que a graça de Deus
também atua nas suas vidas,
dando-lhes a coragem para fazer o bem,
cuidar com amor um do outro
e estar ao serviço da comunidade
onde vivem e trabalham."

Amoris Lætitia, 291

SUMÁRIO

Introdução 9

PRIMEIRA PARTE
**Um olhar de conjunto sobre *Amoris Lætitia*:
uma atenção constante para a ação da graça**

1. Um processo sinodal impulsionado, conduzido
   e respeitado pelo papa Francisco 18

2. Sete palavras-chave que marcam o percurso
   de *Amoris Lætitia* (AL 36–37) 21

3. Favorecer processos de maturação
   em todas as famílias 25

SEGUNDA PARTE
**O discernimento pessoal e pastoral:
fundamentos, etapas e referências**

1. Acompanhar, discernir e integrar a fragilidade:
   esclarecimento de *Evangelii Gaudium* 31

2. Um discernimento pessoal e pastoral:
   o sentido desta nova expressão 35

3. Um discernimento da consciência conduzido pela graça batismal 48

4. Atitudes apropriadas a um discernimento atual de ordem espiritual 52

5. A vida moral é uma modalidade essencial da integração na Igreja 57

6. Um discernimento sobre os condicionamentos e as circunstância atenuantes 60

7. Um discenimento sobre a prática das virtudes 63

8. Discernir o bem que hoje é possível realizar 67

9. Um discernimento sobre o acesso à comunhão sacramental..73

10. Atitudes que envolvem decisões de foro íntimo 81

Conclusão 85

INTRODUÇÃO

Ao sair do processo sinodal de dois anos, que ele concebeu de forma inédita, o Papa Francisco falou. A Exortação Apostólica A Alegria do Amor (*Amoris lœtitia*) apoia-se amplamente sobre os documentos produzidos pelas assembleias de 2014 e 2015, mas ela traz um traço muito pessoal. Isto não é novo: Paulo VI havia iniciado o gênero literário da exortação apostólica em 1975, imprimindo sua própria visão em *Evangelii Nuntiandi*, que surgiu na sequência do sínodo de 1974 sobre a evangelização. E sobre o tema da família, João Paulo II não havia hesitado em ressignificar certas orientações do sínodo de 1980 sobre a família, ao publicar a *Familiaris Consortio* em 1981. Os católicos então se acostumaram com essa mistura de continuidade e de diferença entre o sínodo dos bispos e o ensinamento do soberano pontífice. Na compreensão da Igreja romana, a ação sinodal se desenvolve *cum Petro et sub Petro*, com o bispo de Roma e sob sua autoridade.

Isto é mais perceptível hoje com a presença dos últimos sínodos na mídia, mas também porque os relatórios finais estão disponíveis na Internet.

Portanto, não causa surpresa que os comentadores de *Amoris Lœtitia* se interrogassem sobre as inflexões introduzidas por Francisco, não somente com relação às duas assembleias sinodais como também em relação às práticas pastorais em vigor na Igreja Católica. E aí as opiniões divergem entre os que afirmam que nada mudou e os que proclamam que finalmente o Papa ousou pôr em movimento aquilo que parecia bloqueado para sempre. A questão da mudança é sensível na Igreja Católica, a tal ponto que ela foi marcada por uma relação complicada com a história. Tudo se passa como se alguns continuassem a pensar que a fé cristã não tem história, ignorando a formidável capacidade do Evangelho de inserir-se com alegria na história humana, notadamente na esfera da sexualidade e das relações entre homem e mulher, assim como se observa desde a Antiguidade à Idade Média e até a época moderna.[1] Como escreve o jurista americano John Noonan, a tensão entre a possibilidade e a impossibilidade da mudança da Igreja é particularmente viva quando se abordam questões morais: é exatamente nelas que se percebe melhor que o ser humano é marcado pela historicidade.[2]

---

[1] SCARAFFIA, Lucetta. *Du dernier rang. Les femme et l'Église*. Paris: Salvator, 2016.

[2] NOONAN JR., James T. *A Church that Can and Can Change*: The Development of Catholic Moral Teaching. Notre Dame, Indiana: University of Notre Dame Press, 2005.

Como aconteceu durante o processo sinodal, a questão da integração das pessoas divorciadas vivendo em segundo casamento, na Igreja Católica e especificamente no seu acesso à comunhão eucarística, está no centro do debate. Escrito alguns meses depois de *Amoris Lætitia*, este livro pretende esclarecer o que realmente muda com o magistério do Papa Francisco neste campo. Este será o objetivo da segunda parte, que constitui o cerne da presente obra. O Papa indica alhures (AL 7) que ninguém poderá escapar da interpelação do capítulo oitavo, que se intitula "Acompanhar, discernir e integrar a fragilidade", e que trata mais amplamente das "situações complexas" (AL 312) ligadas ao contexto atual de maior vulnerabilidade familiar.

Todavia, uma leitura apropriada deste capítulo supõe que preliminarmente se preste atenção ao conjunto da Exortação Apostólica, esclarecendo a maneira pela qual Francisco conduziu o processo sinodal.

PRIMEIRA PARTE

Um olhar de conjunto sobre *Amoris Lætitia*:
uma atenção constante para a ação da graça

Nesta primeira parte, faremos um percurso em largos passos por *Amoris Lætitia*. De fato, importa não reduzir a perspectiva do Papa ao problema das situações familiares complexas, algo que falsearia o seu propósito. Francisco enfatiza com força nas últimas palavras da sua introdução: as famílias "não são um problema, mas, antes, uma oportunidade" (AL 7). Ou, ainda, como ele afirma no final do capítulo oitavo: "A compreensão pelas situações excepcionais não implica jamais esconder a luz do ideal mais pleno, nem propor menos de quanto Jesus oferece ao ser humano. Hoje, mais importante do que uma pastoral dos fracassados é o esforço pastoral para consolidar os matrimônios e assim evitar rupturas" (AL 307). Além disso, é necessário retomar sua visão sobre o amor humano, cheio de esperança e, ao mesmo tempo, de realismo, pois é ela que ilumina no seu âmago a maneira bergogliana de encarar a questão das pessoas divorciadas que vivem em novas núpcias na Igreja e na sociedade. Se o Papa nunca oculta as feridas ocasionadas pelos abandonos, pelas rupturas e pelos divórcios, dos quais ele denuncia as sequelas tanto pessoais quanto sociais, isso não leva a olhar a vida das pessoas levando em conta apenas o prisma dos seus fracassos. O Papa sempre busca os fatores que possam encorajar o potencial de amor que as pessoas têm para que elas continuem a se expressar na realidade concreta das suas histórias e de suas disposições. Vale recordar que os jesuítas são formados, consoante a pedagogia dos *Exercícios* de Santo Inácio, para se apoiarem no bem, a fim de se tornarem melhores, etapa por etapa.

Uma frase da exortação apostólica *Evangelii Gaudium* (n. 44) aparece como chave de compreensão da espiritualidade pastoral de Francisco: "Um pequeno passo, no meio das grandes limitações humanas, pode ser mais agradável a Deus do que a vida externamente correta de quem transcorre os seus dias sem enfrentar sérias dificuldades". Quando ele retoma este tema em *Amoris Lœtitia*, tem o cuidado de acrescentar: "A pastoral concreta dos ministros e das comunidades não pode deixar de incorporar esta realidade" (AL 305). De onde vem esta afirmação central no pensamento do Papa?[1] Com certeza, advém de sua atenção ao amor de predileção de Jesus para com os pecadores. Para a grande decepção dos fariseus, Cristo se interessava mais pelo menor sinal de conversão do que propriamente pelo pecado. Ele discerne nestas pessoas uma atitude muitas vezes superior à

---

[1] Na *Evangelii Gaudium*, a frase sobre "pequeno passo" é imediatamente seguida por esta outra, que testemunha o enraizamento inaciano desta abordagem pastoral: "A consolação e o estímulo do amor salvífico de Deus, que opera misteriosamente em cada pessoa, para além dos seus defeitos e das suas quedas" (EG 44). Na continuação da obra, EG remete aos parágrafos mencionados desta exortação apostólica.

atitude de outros, quando se trata de acolher o Evangelho e de transmiti-lo![2]

Entretanto, o olhar humano do Papa não se contenta em se maravilhar diante daquilo que uma pessoa é capaz de fazer e de se tornar, mesmo quando sua vida tenha conhecido e conheça ainda impasses e fracassos. Trata-se, sobretudo de sua parte, de um olhar de fé que sabe reconhecer na fonte de tais mudanças a ação misteriosa da graça de Deus. Diante dela, Francisco dá prova de uma confiança inquebrantável. "Iluminada pelo olhar de Cristo, cuja luz ilumina todo homem, a Igreja dirige-se com amor àqueles que participam na sua vida de modo incompleto, reconhecendo que a graça de Deus também atua nas suas vidas, dando-lhes a coragem para fazer o bem, cuidar com amor um do outro e estar a serviço da comunidade onde vivem e trabalham" (AL 291).[3] Esse olhar de fé profunda irriga a visão de Francisco sobre o amor humano. Por isso, ele pode apoiar fortemente que todo amor, muito amor, é necessário em todas as famílias, mesmo quando eles passam por sérias dificuldades ou comentem graves erros.

Trata-se, ao mesmo tempo, de uma visão muito exigente, que apela para que cada um ouse "viver o amor a despeito de tudo", como veremos adiante. Nas páginas

---

[2] Notadamente é o caso da samaritana, citado quatro vezes na *Amoris Lætitia*, ou da pecadora, citado em Lucas (7,36-30), referidos em AL 289.

[3] Trata-se de uma citação do relatório final do Sínodo de 2014.

seguintes, ao nos fixar na tarefa de descobrir as principais ênfases de *Amoris Lœtitia* e os principais caminhos que ela aponta em relação às famílias, será necessário concentrar-nos neste olhar que enxerga mais longe, apesar de tudo. Manteremos o olhar voltado sobre o que está prestes a mudar na vida das pessoas, quando elas se deixam guiar pelo amor de Deus cheio de misericórdia. O que muda pode ser o que mais interessa ao Papa Francisco. O que Francisco mais aprecia é a mudança. Ele não tem medo dela, seja no sentido de se engajar na reforma da Igreja, seja no de pregar a conversão dos corações, pois tudo "é ligado", segundo a expressão tipicamente "bergogliana" que aparece nove vezes na Encíclica *Laudato Sí*. Francisco não visa à mudança pela mudança, mas ele nos impele a discernir na fé todas as mudanças que manifestam uma vida que acolhe o poder de renovação contido no amor divino.

1. Um processo sinodal impulsionado, conduzido e respeitado pelo Papa Francisco

Certo é que *Amoris Lœtitia* traz a marca pessoal de Francisco, mas podemos dizer que essa marca está presente no conjunto do processo sinodal que ele impulsionou e concebeu de maneira nova. Assim, a exortação apostólica é inseparável de um processo original que se instalou ao longo de dois anos. Convém relembrar brevemente o seu desenrolar, pois isso traz luz tanto ao estilo quanto ao propósito do documento pontifício.

Pouco depois de sua eleição para a cátedra de São Pedro em 2013, Francisco anuncia sua intenção de reunir um sínodo sobre a família, tendo em vista as grandes mudanças culturais e sociais que aconteceriam depois da realização de um sínodo, sob o mesmo tema que aconteceu em 1980. Bento XVI fez a mesma coisa, quando convocou um sínodo sobre a evangelização em 2012, apesar de já ter sido realizado outro sobre a evangelização em 1974, levando em conta as mudanças do contexto. Francisco tem consciência de que o tema "família" era estritamente sensível e suscitava posições opostas. Tais oposições correm o risco de se cristalizar nas diferentes culturas, nações e continentes, assim como em percursos familiares contrapostos, situações que atingem também o episcopado. Ele opta, então, por colocar em ação o princípio enunciado em sua primeira exortação apostólica *Evangelii Gaudium*, nos números 222 e 223: "O tempo é superior ao espaço", "dar prioridade ao tempo é ocupar-se *mais com iniciar o processo do que possuir espaços*".

O Sínodo dos Bispos, depois da sua instituição em 1965, a partir do Concílio Vaticano II, já havia dado ensejo a processos de consulta, de preparação e de eleição dos delegados. Francisco, todavia, acentua seu caráter processual, ao escolher reunir o sínodo em duas sessões distintas e articuladas, para dar "tempo ao tempo". Uma primeira sessão, extraordinária, é convocada para outubro de 2014: somente os presidentes das conferências episcopais são padres sinodais; a eles se acrescentariam os membros nomeados pessoalmente pelo Papa, assim como previa o regulamento. Cada país tinha, então, o mesmo peso na assembleia. Depois uma segunda sessão, dessa vez ordinária, foi programada para outubro de 2015, com representação diferenciada segundo as conferências episcopais, que podiam eleger de um a quatro representantes segundo seu efetivo. O peso respectivo dos diferentes países é assim respeitado por ser totalmente limitado; por exemplo, a França tem direito a quatro delegados, assim como os Estados Unidos, que possui duas vezes mais bispos. Francisco também acentuou o processo de consulta, estendendo-o a todo o povo de Deus. Um primeiro levantamento mundial foi realizado antes da sessão extraordinária de 2014 e outro, entres duas sessões sinodais. Os resultados da segunda completam o texto provindo da Assembleia de 2014, no documento de trabalho enviado aos Padres pela assembleia de 2015.

Esse processo sinodal não somente é impulsionado por Francisco como também conduzido por ele, discreta mas firmemente, com uma insistência muito clara sobre o mistério da misericórdia divina. O Papa relembra a todo momento que a Igreja deve comportar-se como servidora. Sinais precursores aparecem desde 2014. Em janeiro, o próprio Francisco celebra trinta e dois batismos na Capela Sistina, como fizeram seus predecessores na festividade do Batismo do Senhor. De maneira incomum, contudo, encontram-se entre as crianças que recebem este sacramento-fonte – pelo qual se integram à Igreja – a neta de um casal de católicos que se casaram somente no civil e o filho de uma mãe solteira que havia desejado abortar.[4] Pelas mãos e palavras do Papa, torna-se claro que a Igreja celebra a alegria do nascimento sem fazer diferença entre as pessoas, procurando facilitar-lhe um passo na fé e no amor familiar.

2. Sete palavras-chave que marcam o percurso de *Amoris Lætitia* (AL 36-37)

Dentre as críticas dirigidas ao documento de trabalho da assembleia do Sínodo de 2015, uma mencionava que a parte dedicada à descrição dos "desafios" que a família enfrenta no mundo contemporâneo parecia muito pessimista e muito sociológica em sua abordagem. O olhar de fé cristã sobre a situação atual estava incompleto. Vários Padres pediram que se fizesse, sobretudo, um discernimento dos sinais dos tempos à luz do Evangelho, como havia feito o Concílio Vaticano II na Constituição Pastoral *Gaudium et Spes*. Essa petição foi levada em conta no documento final, assim como pelo Papa em sua exortação apostólica. Além disso, ele consagra o primeiro capítulo de *Amoris Lætitia* à leitura bíblica – assunto que retomaremos adiante. Por outro lado, ele introduz claramente a perspectiva da fé cristã no capítulo 2, que se intitula "A realidade e os desafios da família", escrevendo especialmente: "Como cristãos, não podemos renunciar a propor o matrimônio [porque não poderia], para não

---

[4] MAILLARD, Sébastien. *La Croix*, 10 janeiro 2016.

contradizer à sensibilidade atual, para estar na moda, ou por sentimentos de inferioridade face ao descalabro moral e humano; estaríamos privando o mundo de valores que podemos e devemos oferecer" (AL 35). Ao mesmo tempo, ele pleiteia um "esforço mais responsável e generoso, que consiste em apresentar as razões e os motivos para se optar pelo matrimônio e a família, de modo que as pessoas estejam mais bem preparadas para responder à graça que Deus lhes oferece" (AL 35). Ajudar as pessoas a responder satisfatoriamente à graça: essa é a visão que Francisco tem da pastoral da Igreja; também é esse o projeto que anima *Amoris Lætitia* do começo ao fim. Esse texto é, ao mesmo tempo, um ensinamento magisterial, uma mensagem dirigida a todos os batizados e um documento pedagógico visando levar cada um a descobrir que Deus o chama a crescer no amor. De maneira programática, os parágrafos 36 e 37, aos quais o leitor deve se reportar, desenham o projeto de *Amoris Lætitia*. É possível perceber esse movimento por meio das sete palavras que se organizam em três conjuntos de polaridades,[5] que desembocam em um sétimo termo, central em *Amoris Lætitia*: o discernimento.

A primeira polaridade exprime a tensão entre *o ideal* e *o concreto*. O Papa pleiteia "uma salutar reação de autocrítica", porque a proposta da Igreja do "ideal teológico do casamento" foi feita de modo "muito abstrato",

---

[5] Essas polaridades, que remetem "às tensões bipolares próprias à realidade social" (*Evangelii Gaudium*, n. 221), atravessam toda a Igreja e também as relações entre Igreja e mundo ao longo da história.

DIVORCIADOS VIVENDO EM SEGUNDO CASAMENTO

centrado sobre a procriação e não suficientemente sobre o casal, "distante da situação concreta e das possibilidades efetivas das famílias" (AL 36). Igualmente, a "excessiva idealização" do matrimônio tende a desencorajar os casais a atingir esse ideal, enquanto afasta os pastores da vida real dos jovens esposos que penam diante do acúmulo de obrigações profissionais e parentais. "Nós não fizemos um bom acompanhamento dos jovens casais nos seus primeiros anos, com propostas adaptadas aos seus horários, às suas linguagens, às suas preocupações mais concretas" (AL 36).

O segundo polo é aquele que une a graça divina ao *crescimento* humano. "Idealização excessiva" do matrimônio ou insistência exclusiva sobre "questões doutrinais, bioéticas e morais" desencoraja as pessoas de se engajarem no matrimônio, quando deveria acentuar a "abertura à graça", sem a qual a vida comum corre o risco de parecer "um fardo a ser carregado a vida inteira" (AL 37). O matrimônio assusta, se não vem acompanhado da "confiança na graça", cujos frutos são o "crescimento" no amor. A graça de Deus sustenta um "caminho dinâmico de crescimento" na vida familiar, ao qual aspiram os casais e sobre o qual convém falar com simplicidade.

O terceiro polo se refere *à consciência* dos fiéis e ao conhecimento concreto que têm de seus *limites*. O Papa nota que os pastores têm dificuldade de "deixar espaço à consciência dos fiéis, que muitas vezes respondem da melhor forma que podem ao Evangelho" (AL 37). Francisco também reforça a dignidade da consciência dos fiéis, que a tradição teológica unanimemente afirma que é a norma próxima da moralidade, ou seja, que é o guia mais seguro a quem busca conduzir-se moralmente, mesmo não sendo infalível. "Somos chamados a formar as consciências, não a pretender substituí-las", adverte o Papa (AL 37). Sua advertência vale evidentemente para os agentes de pastoral em todos os níveis de responsabilidade, "desde os bispos até o mais simples e ignorado dos serviços eclesiais" (EG 76). Tanto é verdadeiro que ninguém conhece melhor suas próprias inibições, suas incapacidades, seus constrangimentos, suas obrigações contraditórias – tudo que Francisco designa de forma genérica com o termo "limites" – do que aquele que convive com eles no cotidiano. Eis por que uma consciência não se pode colocar no lugar da outra. Como diz o Concílio Vaticano II, "a consciência é o núcleo secretíssimo e o sacrário onde o homem está sozinho com Deus e onde sua voz se faz ouvir" (*Gaudium et Spes* 16). Para educar as consciências convém despertar as pessoas para a suave presença da graça que envolve suas limitações sob a luz da misericórdia, de tal sorte que as decisões a tomar tornam-se audaciosas e mais realistas.

A sétima palavra é o *discernimento*. O trabalho interior que Francisco nomeia discernimento resulta da travessia paciente e rigorosa dos três polos precedentes. Discernir é buscar o *ideal* sem esquecer que ele deve se incarnar etapa por etapa no *concreto* de nossas existências. Igualmente, confiar ao mesmo tempo *na graça* de Deus espreitando o *crescimento* que ela suscita na vida das pessoas que aceitam se abrir a ela. Enfim, discernir é expor *a consciência* moral ao reconhecimento lúcido dos *limites*, os seus, os dos outros e os de nossa época, de modo a formar um julgamento reto sobre a realidade tal qual ela é, ao menos tal qual se apresenta hoje e não tal qual gostaríamos que fosse. Em suma, quanto mais os pontos de referência são atropelados pelas mudanças culturais e sociais, mais convém confiar na consciência moral trabalhada pela graça divina. Não esqueçamos, diz Francisco, que os fiéis estão aptos a "exercer seu próprio discernimento perante situações em que se rompem todos os esquemas" (AL 37). Para "perscrutar" validamente "os sinais dos tempos e interpretá-los à luz do Evangelho" (*Gaudium et Spes* 4), a Igreja deve, pois, estimular essa faculdade racional e espiritual que se chama *discernimento*. Cada membro do povo de Deus é dele provido, desde o humilde batizado até ao bispo diocesano que recebeu a guarda de uma porção desse povo. Assim, vemos também como no pensamento do Papa as noções de consciência e de discernimento estão estreitamente ligadas. Tanto uma como outra são vistas de maneira dinâmica à luz da salvação que Deus faz surgir na história das pessoas e das sociedades.

3. Favorecer processos de maturação em todas as famílias

Amoris Lœtitia expõe a visão pastoral do Papa para estimular a ação da Igreja em relação às famílias, todas as famílias sem distinção. Ele não se contenta em dar orientações, mas põe em prática, segundo sua pedagogia bem pessoal, dirigindo-se a seus leitores como faz em suas homilias e catequeses, aliás, amplamente citadas na exortação apostólica.

Abstendo-se de instituir tal pedagogia como modelo universal, o Papa convida as diferentes regiões do mundo a buscar caminhos pastorais mais pertinentes, "atentos às tradições e aos desafios locais" (AL 3). Francisco emprega um estilo direto, muitas vezes ilustrado, que torna um texto do magistério particularmente acessível. Cinco capítulos têm características desse ensinamento diretamente destinado às famílias.

SEGUNDA PARTE

O discernimento pessoal e pastoral:
fundamentos, etapas e referências

A o abordar o capítulo 8 de *Amoris Lætitia*, é preciso lembrar-se de que a alegria é o ponto de junção entre as duas exortações apostólicas do Papa Francisco, escritas em vinte e oito meses: *A alegria do Evangelho* em 2013,[1] *A alegria do amor* em 2016.[2] Ainda que a palavra latina empregada para designar a alegria difira uma da outra, dispõe-se de um fio condutor. O termo *gaudium* evoca de maneira genérica todas as manifestações de alegria ligadas aos acontecimentos que podem inopinadamente surgir no decorrer de uma história pessoal e coletiva. Retomando sua primeira exortação apostólica, o Papa adota resolutamente o olhar positivo que o Concílio Vaticano II havia lançado sobre o mundo na Constituição Pastoral *Gaudium et Spes*. *Lætitia* designa a alegria de maneira mais afetiva. Ela é essa visitante da manhã ou da tarde que, desde que invade o coração humano, inunda a pessoa de doçura e a coloca em ação. A alegria é na pessoa o traço da misericórdia divina.

---

[1] Ela reporta à data de 24 de novembro 2013, Solenidade Cristo Rei do Universo. A Igreja quer levar ao mundo a alegria de um rei que dá a vida por amor.

[2] Ela é de 19 de março 2016, festa de São José. A Igreja lembra que lhe foi dada a alegria de educar o Menino Jesus e de amar a Mãe do Salvador.

Como escreveu o cardeal Vingt-Trois, o Papa nos lança um apelo para acreditar na "força do amor", que permanece sendo o "fundamento da experiência das famílias".[3] A despeito das dificuldades e dos adiamentos que possam surgir, esse olhar de esperança deve prevalecer e presidir a transmissão do Evangelho em todas as situações de fragilidade afetiva ou familiar. Todo aquele que quer discernir corretamente deve se colocar na perspectiva da alegria, esse dom de Deus que continua habitando secretamente o coração humano, mesmo nas situações de grande infortúnio. É significativo que Francisco, quando evoca pudicamente os riscos que envolvem a criança que vai nascer na sociedade contemporânea, faça primeiramente o apelo à alegria: "A cada mulher grávida quero pedir-lhe afetuosamente: cuida da tua alegria, que nada te tire a alegria interior da maternidade. Tua criança merece a tua alegria. Não permitas que os medos, as preocupações, os comentários alheios ou os problemas apaguem esta felicidade de ser instrumento de Deus para trazer uma nova vida ao mundo" (AL 171).

Ao longo desta segunda parte, teremos que nos reportar à *Evangelii Gaudium*, que apresenta o texto programático do pontificado, para aprofundar o sentido das palavras que figuram no título do capítulo 8 de *Amoris Lœtitia* ao apresentar o conteúdo: "Acompanhar, discernir e integrar a fragilidade". Veremos que *Amoris Lœtitia*

---

[3] VINGT-TROIS, card. André. Um appel missionaire. *Conferenza tenuta all' Institut Catholique de Paris*. 17 out. 2016.

manifesta de maneira concreta vária orientações presentes em *Evangelii Gaudium*. Lembremos que, no início de sua primeira exortação apostólica, Francisco quis citar as palavras de Paulo VI: "Ninguém está excluído da alegria que o Senhor nos traz" (EG 3). O tema da alegria, na verdade, está intimamente ligado à integração que deveria ser ao mesmo tempo a antítese da exclusão e o remédio a ser aplicado.

1. Acompanhar, discernir e integrar a fragilidade: esclarecimento de *Evangelii Gaudium*

A fragilidade, abordada no capítulo 8 de *Amoris Lœtitia*, remete à passagem de *Evangelii Gaudium* (EG 209-216), que se intitula "Cuidar da fragilidade", e termina com a parte consagrada à "Integração social dos pobres" (EG 186-216). Afirma que a exigência de integrar se impõe diante das "*novas formas* de pobreza e fragilidade nas quais somos chamados a reconhecer Cristo sofredor"[4] (EG 210). Ou seja, para cuidar da fragilidade é necessário prestar atenção nas mudanças do mundo contemporâneo. As situações familiares não são particularmente designadas (com exceção das "pessoas idosas sempre mais sós e abandonadas"); trata-se, porém, da categoria de pessoas para as quais a vida familiar é dolorosamente afetada pelo contexto social: os refugiados, os sem-teto, os toxicodependentes. Além do mais, lembremos que, no

---

[4] Grifo nosso.

primeiro capítulo de *Amoris Lætitia*, Francisco sublinha que a Bíblia presta atenção às "crises familiares [...] com seu cortejo de violência", pondo em evidência "a força da vida que continua" (AL 8).

No n. 24 de *Evangelii Gaudium*, acompanhar é uma das cinco tarefas da Igreja "em saída": "A comunidade evangelizadora se dispõe a 'acompanhar'. Ela acompanha a humanidade em todos os seus processos, por mais duros e prolongados que possam ser. Conhece as longas esperas e a paciência apostólica". Assim, o acompanhamento aparece como uma dimensão da "conversão pastoral e missionária, que não pode deixar as coisas como estão" (EG 25). É preciso constatar este primeiro resultado: o acompanhamento é concebido pelo Papa numa perspectiva reformadora, em que há um esforço de pôr fim a situações pastorais de descontentamento para a missão. Iniciar um processo de discernimento ante a fragilidade consiste, pois, em interrogar-se sobre o que não vai bem quando os agentes pastorais se deparam com "situações complicadas" no plano familiar (AL 312). Discernir é preparar-se para as mudanças necessárias.

Observemos igualmente que *Amoris Lætitia* realiza a reaproximação entre "acompanhar" e "integrar a fragilidade", que não está diretamente relacionada à *Evangelii Gaudium*. O desejo de realizar essa reaproximação aparece melhor se prestarmos atenção ao contexto da alusão "Cuidar da fragilidade". Com efeito, ela é imediatamente seguida de uma passagem que está entre as mais conceituadas e difíceis de compreender de *Evangelii Gaudium*, intitulada "O bem comum e a paz social", que contém os "quatro princípios" a partir dos quais Francisco aborda as "tensões bipolares próprias à realidade social" (EG 221): "o tempo ordena os espaços"; "a unidade prevalece sobre o conflito"; "a realidade é mais importante que a ideia"; "o todo é superior à parte".[5]

Ora, o primeiro princípio (EG 222-225, retomado em 261) desenvolve a ideia de que é preciso "iniciar processos antes de possuir espaços" (EG 223, retomado em AL 261), "gerar processos que construam um povo" (EG 224), "adotar os processos possíveis e a estrada longa" (EG 225). O termo "processos" é central e recorrente tanto em *Evangelii Gaudium* (vinte e cinco vezes) como em *Amoris Lætitia* (dezessete vezes). Ele aparece em primeiro lugar no parágrafo que desenvolve a noção de Igreja "em saída", enquanto "comunidade dos discípulos missionários". Francisco aqui convoca a "acompanhar a humanidade em todos os seus processos" (EG 24), convidando a uma abordagem teológica da história (EG 224) à luz da história da salvação (EG 233). A salvação, explica ele, advém de processos históricos (EG 224-225) que exigem tempo. Esses processos convidam a Igreja, portadora do "anúncio fundamental" da salvação (EG 128; EG 36, 147, 164), a

---

[5] Sobre a origem destes quatro princípios, estreitamente ligados à história política da Argentina e a sua interpretação à luz de uma teologia do povo, convém se reportar a: SCANNONE, Juan Carlos. Quatro princípios para a construção de um povo segundo Papa Francisco. *Stromata* 71, 13-27.

"assumir a tensão entre plenitude e limite" (EG 223) e, portanto, a aceitar com fé a pressão do longo prazo. O termo "processo", é preciso sublinhar, tem que ser compreendido num sentido teológico, que é típico do pensamento do Papa e que é reconstruído a partir de uma noção tirada das ciências humanas, essencialmente da sociologia e da história.

Como indica o parágrafo de *Evangelii Gaudium*, o termo "processo" está intimamente ligado a outro termo também central no pensamento do Papa: "limite" (vinte e nove vezes na EG e trinta e sete em AL). Quando se serve da noção de "limite" e a insere em seu próprio pensamento, Francisco baseia-se na teologia da história do filósofo e teólogo alemão Romano Guardini, sobre a qual ele havia começado a trabalhar uma tese de doutorado em teologia. Essas poucas páginas muito densas de *Evangelii Gaudium* oferecem de Guardini uma interpretação ao mesmo tempo muito pessoal e muito sistemática. Seria útil ter em mente esse quadro geral de compreensão, porque ele dá profundidade teológica aos critérios enunciados pelo Papa para "um discernimento pessoal e pastoral" a respeito dos "divorciados que vivem uma nova união" (AL 298).

Na medida em que as pessoas estão imersas numa história e numa cultura particulares, o discernimento das situações complicadas faz parte da missão da Igreja de interpretar bem os sinais dos tempos na história, à luz do Evangelho, assim como nos incentiva a Constituição

Pastoral *Gaudium et Spes* do Concílio Vaticano II. Ora, como no Evangelho de Mateus (Mt 16,1-4), os sinais dos tempos são ambíguos, permeados de ambivalências que podem encorajar e apoiar as pessoas ou, ao contrário, constrangê-las em seu caminho moral e espiritual.[6] Também em relação à menção das "tensões" inerentes à condição humana, a frequência com que aparece o termo "limites" traduz a grande consciência que o papa Francisco tem das contradições de nosso tempo, mesmo conservando um olhar pleno de esperança sobre o potencial do homem sustentado pela graça divina.

2. Um discernimento pessoal e pastoral: o sentido desta nova expressão

Inicialmente observemos a novidade da expressão escolhida pelo Papa. O Sínodo de 2015 hesitou muito sobre como nomear o processo destinado a acompanhar na Igreja as pessoas divorciadas que vivem um segundo casamento. No Sínodo Extraordinário de 2014, surgiu a questão de um "encaminhamento penitencial sob a responsabilidade do bispo diocesano", supondo-se que seja precedido do "acesso eventual aos sacramentos" (n. 52), precisando que esta opção não obteve a unanimidade entre os Padres Sinodais. Na sequência, o documento de

---

[6] BORDEYNE, Philippe. Repondre l'inquietude de la famille humaine. *L'Actualité de Gaudium et spes*, Montrouge: Bayard, 2014. p. 131-135.

trabalho do Sínodo de 2015 havia falado de "caminhos de integração pastoral dos divorciados recasados civilmente",[7] sem esconder as divergências que surgiram no Sínodo de 2014 a respeito do termo "caminho penitencial" (n. 123) e do conteúdo que poderia revesti-lo, ou ainda a respeito do recurso à noção de "comunhão espiritual" (nn. 124-125).

No Sínodo de 2015, alguns Padres evocaram um "caminho de penitência e de reconciliação", mas a expressão não foi mantida, sem dúvida porque teria designado um processo eclesial, conduzindo a uma reintegração eucarística pela via da absolvição sacramental, bem próximo do modelo de integração e reintegração em vigor nas Igrejas ortodoxas. No relatório final, trata-se discretamente da questão do "discernimento e integração" (n. 84) e fica estipulado que "os padres" têm o dever [...] de acompanhar as pessoas interessadas na via do discernimento segundo os ensinamentos da Igreja e as orientações do bispo" (n. 85). Igualmente se trata de um "percurso de acompanhamento e de discernimento [que] oriente estes fiéis à tomada de consciência de sua situação diante de Deus", proporcionando "um colóquio [com] o padre, no fórum

---

[7]   É bom que estes caminhos de integração pastoral dos divorciados casados civilmente em segunda núpcias sejam precedidos de um discernimento oportuno da parte dos pastores quanto ao caráter irreversível da situação e da vida do casal na nova união; que sejam acompanhados da sensibilização da comunidade cristã sob o ângulo do acolhimento gradual das pessoas interessadas (cf. *Familiaris Consortio* 34), "respeitando o amadurecimento das consciências" (n. 121).

interno, [que] possibilita a formação de um julgamento correto sobre o que impede a possibilidade de uma participação mais intensa na vida da Igreja e sobre as etapas a serem realizadas para favorecer e aumentar essa vivência" (n. 86).

Quando o Papa afirma: "Não se deve esperar do Sínodo ou desta exortação uma nova legislação geral de gênero canônico, que se apliquem a todos os casos" (AL 300), ele confirma que não são aplicadas na Igreja Católica romana as práticas em uso nas Igrejas ortodoxas, das quais os sínodos codificam o tipo de percurso e os anos após os quais os divorciados engajados em uma nova união podem se aproximar da mesa eucarística. Francisco retoma igualmente por sua conta (AL 300) as duas passagens relativas ao dever que têm os padres de acompanhar tais fiéis. No entanto, a escolha da qualificação "discernimento pessoal e pastoral" (AL 298) modifica sensivelmente o sentido por sua insistência sobre a dimensão pessoal do discernimento. Esse traço ainda é acentuado no parágrafo 300, quando a expressão aplicada se relaciona ao caráter pessoal do discernimento com o exercício da responsabilidade: trata-se do "discernimento pessoal responsável e pastoral dos casos particulares".[8] Igualmente, João Paulo II solicita aos pastores que estabeleçam distinções entre as diferentes situações e, então, na verdade entre pessoas

---

[8] O exercício responsável do discernimento se refere a todos os batizados, leigos e pastores. O Papa, mais adiante, evoca o acompanhamento "pelo discernimento responsável e sério do Pastor" (AL 303).

que vivem um segundo casamento (*Familiaris Consortio* 84). Doravante, os fiéis concernidos é que são convidados a operar essas distinções junto com seus pastores, perguntando-se, em primeiro lugar, se sua situação merece passar por um primeiro discernimento, antes mesmo de ser encaminhada para o processo legal de discernimento propriamente dito.

Alguns critérios de um discernimento prévio

Eis por que, no exato momento em que o Papa convida os fiéis e pastores a se engajarem resolutamente nos encaminhamentos para discernir pessoal e pastoralmente ante situações complexas, ele se empenha em esclarecer o campo de aplicação segundo sua autoridade pastoral. É legítimo, diz ele, iniciar um caminho de discernimento quando se está diante de "um segundo casamento consolidado no tempo[9] com novos filhos, fidelidade comprovada, dedicação generosa, compromisso cristão, consciência da irregularidade de sua própria situação e grande dificuldade em voltar atrás sem sentir,

---

[9] O Papa não precisa se o segundo casamento deve ser contraído no plano civil. O caminho do discernimento pessoal e pastoral pode ser proposto a pessoas que vivem em situação de concubinato, após o fracasso de um casamento sacramental, sem ser casadas civilmente? A questão merece ser feita pela importância que revestem no plano moral as promessas matrimoniais pronunciadas diante da sociedade e o que significam em termos da esperança que subsiste no casamento a despeito de um primeiro fracasso conjugal (cf. VESCOVI DELL'OBERRHEIN, let. Accompagnamento pastorale dei divorziati. *Il Regno / Documenti*, 19 (1993), pp. 613-622).

em consciência, que se cairia em novas culpas" (AL 298). Esta primeira lista oferece critérios de um discernimento prévio que permite verificar se é indicado iniciar um passo mais aprofundado de discernimento. Atenção, entretanto! Não se trata, obviamente, de uma lista que assinalaria os diferentes elementos para legitimar um início de discernimento, nem, ao contrário, deveria ser entendida como uma lista na qual a ausência de um elemento justificaria que a pessoa se sinta indigna de se engajar em tal caminho. Os críticos de um discernimento prévio não exoneram da responsabilidade de discernir!

Reciprocamente, o Papa enuncia, a título de exemplo e de modo não restritivo, um certo número de casos em que não seria razoável prever um caminho de discernimento, às vezes porque as pessoas não estão interessadas, ao menos neste momento, e porque tal proposta provocaria incompreensão sobre a gravidade do divórcio e de seus malefícios. "Coisa diferente", precisa o Papa, "é uma nova união que vem de um divórcio recente, com todas as consequências de sofrimento e confusão que afetam os filhos e famílias inteiras, ou a situação de alguém que faltou repetidamente aos seus compromissos familiares. Deve ficar claro que este não é o ideal que o Evangelho propõe para o matrimônio e a família" (AL 298). Contrariamente a certas expectativas, portanto, é claro que o Papa não prevê coincidir um encaminhamento de discernimento com o período do novo casamento civil. Além do mais, não presume em nenhuma parte do texto uma forma qualquer de celebração na Igreja por ocasião de um novo casamento civil. Esse enquadramento pastoral previne, tanto os pastores como os fiéis, contra soluções fáceis. O discernimento é uma tentativa que deve ser proposta sem restrição, mas que permanece exigente no seu fundamento espiritual e moral.

Um discernimento que implique igualmente fiéis e pastores

Em sua notável concisão, a expressão "discernimento pessoal e pastoral" indica que a dimensão pastoral não caminha sem a dimensão pessoal e, reciprocamente, que uma não se sobrepõe à outra. Convém, pois, aproximar a expressão usada pelo Papa do chamado mencionado acima, de que a consciência dos fiéis os habilita a "responder da melhor forma que podem ao Evangelho no meio de seus limites", de sorte que possam "realizar o seu próprio discernimento perante situações em que se rompem todos os esquemas" (AL 37). Além do mais, os padres e os bispos não são de forma alguma dispensados, porque exercem o cargo pastoral, da dimensão eminentemente pessoal de todo ato de discernimento. Nesse sentido, os ministros da Igreja não poderão comportar-se como funcionários de uma espécie de "alfândega" (AL 310).

Mais ainda, o Papa não limita o exercício da dimensão pastoral aos padres e aos bispos, como havia feito o Sínodo de 2015.[10] A respeito disso, as indicações do ca-

---

[10] Nós nos colocamos aqui nos casos de "situação complicada" afetando pessoas batizadas. Em compensação, quando se trata de operar

pítulo VIII não são totalmente homogêneas quando se trata de citações do Sínodo colocadas entre aspas (AL 300), ou de proposições vindas de Francisco. Assim, ao final do capítulo, o Papa "convida" solenemente "os fiéis que vivem em situações complexas, a aproximar-se com confiança para falar com seus pastores ou com leigos que vivem entregues ao Senhor" (AL 312). Isso significa que as pessoas que se encontram em situação de fragilidade são convidadas por Francisco a distinguir, no modo de agir de quem elas solicitam ajuda, profunda disponibilidade a Deus, quer se trate de padre, quer de leigos. Como em *Evangelii Gaudium*, os "agentes pastorais" são considerados "desde os bispos até ao mais simples e ignorado dos serviços eclesiais" (EG 76). Resulta, então, que, segundo Francisco, o exercício do serviço pastoral do discernimento pessoal e pastoral não se limita somente ao presbitério unido ao bispo.

Essa orientação confirma a necessidade, manifestada pelas pesquisas sinodais e retomadas pelo Papa (cf. AL 244), de que uma diversidade de estados de vida, de

---

um discernimento sobre "o acesso ao Batismo de pessoas que se encontram numa situação matrimonial complexa", cabe aos bispos, somente, "exercer um discernimento pastoral adaptado ao seu bem espiritual" (AL 249). Certamente os bispos podem contar com o apoio dos padres e dos leigos, e eles não se esquecerão da advertência contida na seguinte frase, a saber, que "a Igreja conforma o seu comportamento ao do Senhor Jesus que, em um amor sem fronteiras, se ofereceu por todas as pessoas sem exceção". Além do mais, os bispos estão colocados na linha de frente do discernimento pastoral na qualidade de ministros principais do Batismo.

competências e carismas seja associada aos serviços de pastoral familiar para melhorar a prevenção e ter mais consciência das dificuldades encontradas pelos fiéis no domínio do casamento, da afetividade e das relações familiares. Francisco recomenda que a formação dos agentes pastorais, no mínimo, conte com o apoio de "psicopedagogos, médicos da família, médicos da comunidade, assistentes sociais, advogados de menores e de família" (AL 204). Ele pede que não se contentem em passar elementos doutrinais (cf. AL 36), mas que seja cultivada na Igreja uma "abertura de espírito para receber as contribuições da psicologia, sociologia, sexologia e até aconselhamento. Os profissionais, particularmente aqueles que têm experiência de acompanhamento, ajudam a encarnar as propostas pastorais nas situações reais e nas preocupações concretas das famílias" (AL 204). Os esforços de uma formação de qualidade para o discernimento para honrar a perspectiva aberta por Francisco são consideráveis, como sublinha o cardeal Vingt-Trois.[11] Essa aptidão para discernir se enraizará numa pastoral familiar profundamente renovada, diante dos inúmeros fracassos conjugais. O Papa enfatiza: "Hoje, mais importante do que uma pastoral dos fracassos é o esforço pastoral para consolidar os matrimônios e assim evitar as rupturas" (AL 307).

Sejam padres ou leigos, os que acompanham um processo de discernimento durante um tempo curto ou

---

[11] Cardeal André Vingt-Trois, conferência citada.

longo se sentirão interpelados pelas advertências do Papa, que, ao mesmo tempo que incentiva a um grande discernimento, convida a se prepararem para refletir sobre questões mútuas. Porque, justamente, se trata de uma aventura espiritual, na qual a descoberta da vontade de Deus pode reservar algumas surpresas! Não é a isso que a Bíblia constantemente nos convida, por exemplo, nos relatos de vocação ou ainda nas peripécias inerentes ao discernimento nos caminhos da missão, tal como relatam os Atos dos Apóstolos? "Os fiéis que viviam situações complicadas [...] não encontraram sempre [...] a confirmação de suas próprias ideias ou desejos, mas, certamente, receberão uma luz que lhes permitirá perceber o que está acontecendo e poderão descobrir um caminho de amadurecimento pessoal. E convido os pastores a escutar com afeição e serenidade, com o desejo sincero de aprofundar o cerne do drama das pessoas e compreender o seu ponto de vista, para ajudá-las a viver melhor e a reconhecer seu lugar na Igreja" (AL 312). Trata-se, pois, de conjugar misericórdia pastoral e recusar soluções fáceis, porque é preciso amadurecer e, então, crescer junto, em Igreja, na fidelidade ao Senhor.

Amoris Lætitia completa Familiaris Consortio

Embora os critérios para iniciar um processo de discernimento, enunciados em *Amoris Lætitia*, digam respeito a categorias mais amplas de fiéis divorciados que vivem um segundo casamento do que as descritas por João Paulo II na *Familiaris Consortio* (FC), constata-se que as perspectivas morais e espirituais não são menos exigentes em Francisco. Os dois Papas se apoiam, entretanto, em versões diferentes e complementares da vida moral, como demonstra o modo como cada um examina as necessárias distinções entre "os fiéis que vivem situações complicadas".

No n. 84 de *Familiaris Consortio*, os critérios de distinção se apoiam essencialmente sobre a existência de "graves motivos", justificando que se tenha entrado ou que se permaneça em "uma situação matrimonial irregular":[12] João Paulo II considerava que certas pessoas estavam impossibilitadas, por "graves razões", de terminar um segundo casamento, de modo que foram impedidas de observar a lei resultante da indissolubilidade matrimonial que as forçava à separação. Este critério de impedimento era essencialmente julgado em função do bem dos filhos. Retomando esse critério e evocando o bem de

---

[12] Notemos que Francisco toma certa distância em relação à expressão "situações irregulares" (*Familiaris Consortio* 79). Entretanto, é bom lembrar que João Paulo II introduziu esse termo para afirmar que as pessoas que se encontram nessa situação permanecem plenamente membros da Igreja e que convém que elas sejam acolhidas com caridade fraterna. Recordemos certos católicos que tiveram dificuldade de entender esta exortação. Evitando usá-la, Francisco, no entanto, julga que a fórmula corre o risco de ser reduzida em vista da "complexidade" dos elementos em jogo. Ele usa, então, um título eloquente: "O discernimento das situações chamadas irregulares" (AL 296). É preciso colocar essa fórmula em relação com a preocupação que o Papa tem de evitar que as pessoas fiquem traumatizadas, em uma situação que bloqueie os processos de conversão e aproximação, sabendo que necessitam de tempo e de paciência. "Trata-se mais de gerar processos que de dominar espaços" (AL 261).

"novos filhos", Francisco convida, sobretudo, a examinar a qualidade da nova união. Ele considera que estão habilitados a entrar num processo de discernimento pessoal e pastoral as pessoas que, com ajuda da graça de Deus, se esforçam para praticar as virtudes cristãs: a constância em um segundo casamento, abertura à vida, fidelidade, dom de si, o engajamento numa vida de fé, a retidão no reconhecimento das suas faltas cometidas (cf. AL 298).

Seria em vão opor a lógica de Francisco à de João Paulo II. Vemos, obviamente, que Francisco tira as consequências do princípio de irreversibilidade enunciadas por João Paulo II: quando as pessoas julgam "conscientemente" que cometerão "novas faltas", "retrocedendo", ainda é preciso cuidar, na nova união, da autenticidade de sua resposta ao "ideal que o Evangelho propõe para o matrimônio e a família" (AL 298). Ou seja: não basta constatar o caráter irreversível da história humana; ainda é necessário o engajamento para tornar essa história, com o sustento da graça misericordiosa, uma história em crescimento. "O discernimento deve ajudar a encontrar os caminhos possíveis de resposta a Deus e de crescimento no meio dos limites" (Al 305).

Desse ponto de vista, pode-se retomar agora a expressão do cardeal Schönborn e considerar que testemunhamos, com o ensinamento do papa Francisco, "um desenvolvimento por associação de uma verdade complementar".[13] Com a constatação dessa historicidade da existência humana que leva à irreversibilidade de certas

---

[13] SCHÖNBORN, card. Christoph. Conversazione su *Amoris Lætitia* con Antonio Spadaro. *La Civiltà Cattolica*, 3986 (23. jul. 2016), 150.

faltas muito graves, o Papa acrescenta a afirmação de que a graça misericordiosa permite retomar a marcha de uma história bloqueada por um olhar humano. Quando as faltas são humildemente reconhecidas e assumidas de maneira responsável, Deus tem o poder de perdoá-las[14] e de permitir a cada um novamente crer sob o impulso da graça. Então, como veremos adiante, as respostas humanas permanecem dependentes de certos "limites" ligados ao contexto histórico e cultural, às habilidades individuais e aos acontecimentos de sua história. "Trata-se de integrar a todos, deve-se ajudar cada um a encontrar a sua própria maneira de participar na comunidade eclesial, para que se sinta objeto de uma misericórdia 'imerecida, incondicional e gratuita'. Ninguém pode ser condenado para sempre, porque esta não é a lógica do Evangelho! Não me refiro só aos divorciados que vivem uma segunda nova união, mas a todos, seja qual for a situação em que se encontrem" (AL 297).

Esta passagem é um texto-chave do capítulo 8 de *Amoris Lætitia*, na medida em que enfatiza que somente sob a luz da misericórdia divina é que se poderá articular o lado pastoral e o lado pessoal, tanto de discernimento quanto de integração. Todos têm vocação para estar integrados à comunidade eclesial: é a esperança aberta à manifestação da misericórdia divina no mistério pascal.

---

[14] No seu comentário sobre o hino da caridade no capítulo 4, Francisco escreve a respeito da paciência de Deus, que "é um exercício de misericórdia para com o pecador e manifesta o verdadeiro poder" (AL 91).

Entretanto, o modo concreto dessa integração depende de cada um, daí a necessidade de um discernimento pessoal e pastoral que permitirá determinar as modalidades. Esse discernimento faz eco ao modelo poliedro, que conserva as diferenças no todo, sem excluir ninguém nem impor um modelo único. "Até mesmo as pessoas que possam ser criticadas pelos seus erros têm algo a oferecer que não se deve perder" (EG 236). Vemos assim como, nos ensinamentos do papa Francisco, se passa das distinções a serem feitas entre as pessoas que vivem um segundo casamento (*Familiaris Consortio* 84) a um discernimento baseado no modo pertinente a sua integração eclesial, levando-se em conta sua situação objetiva e a resposta pessoal que Deus espera delas aqui e agora.

Como são elementos diferentes, convém decliná-los passo a passo. Para clareza da proposta, abordaremos sucessivamente as dimensões eclesial, espiritual, moral e sacramental. Não nos esqueçamos, entretanto, de que são estreitamente ligadas à vida pessoal, daí a complexidade do discernimento. Além do mais, um dos frutos esperados pelo processo de discernimento é justamente que se distinga melhor as diferenças entre estas dimensões e se ofereça às pessoas envolvidas perceberem que existe diferentes modalidades de integração eclesial e que todas têm valor.

3. Um discernimento da consciência conduzido pela graça batismal

O Papa fala pouco do sacerdócio ministerial como fonte de acompanhamento das pessoas e do discernimento pastoral. Isso parece que já está claro em seu propósito. Ele, entretanto, observa "que há necessidade de uma formação mais adequada para tratar dos complexos problemas atuais das famílias" (AL 202), de sorte que lhes pede, com o Sínodo de 2015, "uma formação mais adequada", assim como para os outros agentes pastorais. Igualmente, convém de algum modo que seja dispensada aos seminaristas "uma formação interdisciplinar mais ampla sobre namoro e matrimônio, não se limitando à doutrina" (AL 203). O Estatuto eclesial, com as missões que lhe são fixadas no âmbito familiar, faz, portanto, exigências específicas que concernem a toda a Igreja em sua vocação missionária. É preciso lembrar aqui as palavras fortíssimas do EG 169: "A Igreja deverá iniciar os seus membros – sacerdotes, religiosos e leigos – nesta arte do acompanhamento, para que todos aprendam a descalçar sempre as sandálias diante da terra sagrada do outro (cf. Ex 3,5). Devemos dar ao nosso caminho o ritmo salutar da proximidade, com um olhar respeitoso e cheio de compaixão, mas que ao mesmo tempo cura, liberta e encoraja a amadurecer na vida cristã".[15] Fica claro ainda que a formação ao discernimento pessoal e pastoral não se refere

---

[15] Essa passagem do EG 169 é citada no n. 77 do relatório final do Sínodo de 2015.

somente ao presbitério unido ao Bispo, mas toda a Igreja está em estado de missão: são os "discípulos missionários [que] acompanham discípulos missionários" (EG 173).

E é de acordo com essa perspectiva que as pessoas que vivem uma nova união após o divórcio são convidadas a participar do discernimento pessoal. O Batismo as habilita a um discernimento que, por supor uma resposta pessoal a Deus, é fruto do Espírito Santo que se recebe na Igreja, numa comunidade de discípulos missionários. Trata-se de um "discernimento das sendas do Espírito" (EG 45). O Papa retoma por sua conta uma longa passagem do Sínodo concernente "a batizados que são divorciados e em segundo casamento": "São batizados, são irmãos e irmãs, o Espírito Santo derrama sobre eles dons e carismas para o bem de todos" (AL 299). O que habilita essas pessoas ao discernimento é a unção do Espírito Santo, sempre ligado à força operante da graça na pessoa do batizado como em todo o povo de Deus. Como escreve Francisco em sua carta apostólica ao cardeal Ouellet, assinada no mesmo dia em que assinou *Amoris Lœtitia*:

> O primeiro sacramento que selou para sempre a sua identidade, e do qual deveríamos nos orgulhar para sempre, é o batismo. Por ele e pela unção do Espírito Santo, os fiéis são consagrados como uma casa espiritual, como um santo sacerdócio (*Lumem Gentium*). O santo povo fiel de Deus é ungido pela graça do Espírito Santo, e é por isso que, no momento de refletir, de pensar, de avaliar, discernir, devemos estar atentos a esta unção.[16]

---

[16] FRANCESCO. *Lettera al card. Oullet sul ruolo dei laici.* 19 de março 2016.

O Papa persiste na mesma direção no parágrafo 303 de *Amoris Lætitia*, que vale a pena citar aqui integralmente:

> A partir do reconhecimento do peso dos condicionamentos concretos, podemos acrescentar que a consciência das pessoas deve ser mais bem incorporada à práxis da Igreja em algumas situações que não realizam objetivamente a nossa concepção do matrimônio. É claro que devemos incentivar o amadurecimento de uma consciência esclarecida, formada e acompanhada pelo discernimento responsável e sério da pastoral, e propor uma confiança cada vez maior na graça. Mas essa consciência pode reconhecer não só que uma situação não corresponde objetivamente à proposta geral do Evangelho, mas ainda[17] também, com sinceridade e honestidade, aquilo que, por agora, é a resposta generosa que se pode oferecer a Deus e descobrir com certa segurança moral que esta é a doação que o próprio Deus está pedindo no meio da complexidade concreta dos limites, embora não seja ainda plenamente o ideal objetivo (AL 303).

Teremos que voltar a essa passagem importante, mas o que importa agora é sublinhar a maneira como o Papa relaciona a dignidade da consciência não somente com a graça batismal dada aos fiéis de Cristo (cf. AL 37), mas também amplamente com "a dimensão sacramental da graça santificante".

Essa teologia da graça agindo em toda consciência humana já estava presente em EG 254, onde o Papa se

---

[17] "Mas ainda" e não "da mesma maneira": a tradução francesa foi aqui retificada a partir do texto oficial italiano.

referiu tanto à *Gaudium et Spes* 22,5 quanto ao texto da Comissão Teológica Internacional de 1996, *O cristianismo e as religiões*:

> Os não cristãos, por iniciativa divina gratuita, e fiéis a sua consciência, podem viver "justificados pela graça de Deus" e, assim, "ser associados ao mistério pascal de Jesus Cristo". Mas, em razão da dimensão sacramental da graça santificante, a ação divina neles tende a produzir sinais, ritos, expressões sagradas que, por sua vez, reaproximam outras pessoas de uma experiência comunitária de encaminhamento a Deus. [...] O mesmo Espírito suscita de todas as partes diversas formas de sabedoria prática que ajudam a suportar as falhas da existência e a vida com mais paz e harmonia. Nós cristãos podemos então aproveitar desta riqueza consolidada no decorrer dos séculos, que pode ajudar-nos a melhor viver nossas próprias convicções (EG 254).

Em AL 303, a ação específica da "graça santificante" (AL 301) na consciência diz respeito à dimensão "prática" do discernimento em "uma situação particular" (AL 304). Podemos nos arriscar a enunciar um princípio teológico que resulta da leitura precisa desta passagem: *para cada dimensão específica do discernimento, uma ação específica da graça santificante*. A graça santificante é que habilita as pessoas interessadas em assumir um papel ativo no discernimento pessoal e pastoral.

Além do mais, a consciência dos pastores é especificamente solicitada quando se trata de discernir "no domínio litúrgico, pastoral, educativo e institucional", tendo em vista o "cuidado das crianças e de sua educação cristã" (AL 299). A longa passagem que o Papa retoma do Sínodo de 2015 evoca, ainda, um "acompanhamento pastoral", e não um "acompanhamento pessoal e pastoral". Neste âmbito que toca, sobretudo, o testemunho público da Igreja e que exige, pois, um discernimento de ordem institucional, é recomendável evitar dissonâncias que poderiam provocar um sentimento de arbitrariedade ante o nível de engajamento da Igreja em suas instituições litúrgicas, pastorais e magisteriais. Sobre este ponto, o Papa se contenta em citar o sínodo sem dar precisões suplementares. Convém lembrar sua advertência inaugural: "Todas as discussões doutrinais, morais ou pastorais devem ser resolvidas através de intervenções do magistério. [...] Em cada país ou região, é possível buscar soluções que respeitem a cultura, atentas às tradições e aos desafios locais" (AL 3).

4. Atitudes apropriadas a um discernimento atual de ordem espiritual

Ainda que o discernimento pessoal e pastoral suscite considerações muito importantes no plano moral e no plano sacramental, as quais abordaremos passo a passo, é essencial um discernimento de ordem espiritual. Este diz respeito, pois, a uma relação pessoal com Deus, a qual se realiza por meio de uma ligação viva com a Igreja e de uma disponibilidade ao Espírito Santo recebido no

Batismo. Segundo as observações do Papa, as atitudes demonstradas acima devem desde o início envolver nossos passos. Lembremos que, segundo *Evangelii Gaudium*, o discernimento é uma atividade espiritual da "Igreja em saída", que é comunidade dos discípulos missionários que tomam a iniciativa, que se envolvem, que acompanham, que frutificam e festejam" (EG 24). Eles são guiados, pois, por algumas atitudes espirituais e relacionais que os protagonistas devem cultivar para que se tornem disposições estáveis: "proximidade, abertura ao diálogo, paciência, acolhimento cordial que não condena" (EG 165). Tais atitudes valem tanto para as pessoas que acompanham como para as que são acompanhadas. Estas não são chamadas a conversar e a quebrar o silêncio no qual a vergonha muitas vezes e durante longo tempo as isolou, a ter paciência, a se reconciliar com a própria história, a perdoar a si mesmas? No capítulo 4 de *Amoris Lœtitia*, Francisco sublinha que é preciso, particularmente quando se trata de afetividade e sexualidade, "aceitar a si mesmo, saber conviver com as próprias limitações e, inclusive, perdoar-se, para poder ter esta mesma atitude [de perdão] com os outros" (AL 107). Enfim, "ser discípulo significa ter a disposição permanente de levar aos outros o amor de Jesus" (EG 127), sem esquecer que cada um é também destinatário desse amor incondicional, no qual muitas vezes é mais difícil de acreditar quando se perdeu a autoestima.

Eis por que o discernimento supõe, em primeiro lugar, a invocação do Espírito Santo, que "é a alma da Igreja

Evangelizadora" (EG 261), e a escuta da Palavra do Senhor. A alegria do amor, dizíamos no início desta segunda parte, é um dom de Deus que vem a nós por sua Palavra, e a unção batismal do Espírito Santo nos prepara para acolhê-lo com confiança. Desse ponto de vista, a atitude que orienta ao discernimento não é diferente da prevista na preparação da homilia, tal qual Francisco apresenta em *Evangelium Gaudium*. O discernimento é fruto de uma permuta de amor com Deus, assim como toda verdadeira pregação: "A partir deste amor, uma pessoa pode deter-se todo o tempo que for necessário, com a atitude de um discípulo: 'Fala, Senhor, o teu servo escuta' (Is 3,9)" (EG 146).

Para compreender bem o que *Amoris Lœtitia* entende por "discernimento pessoal e pastoral", convém também reler o texto importante de *Evangelii Gaudium* 171, que trata do acompanhamento, porque ele ajuda a perceber como as dimensões pessoal e pastoral podem se conjugar quando se consegue certa qualidade de escuta:

> Hoje mais do que nunca precisamos de homens e mulheres que conheçam, a partir da sua experiência de acompanhamento, o modo de proceder onde reinem a prudência, a capacidade de compreensão, a arte de esperar, a docilidade ao Espírito, para no meio de todos defender dos lobos as ovelhas a nós confiadas que tentam desgarrar o rebanho. Precisamos nos exercitar na arte de escutar, que é mais do que ouvir. Escutar, na comunicação com o outro, é a capacidade do coração que torna possível a proximidade, sem a qual não existe um verdadeiro encontro espiritual. Escutar ajuda-nos

a encontrar o gesto e a palavra oportunos que nos desinstalam da cômoda condição de espectadores. Só a partir desta escuta respeitosa e compassiva é que se pode encontrar caminhos para um crescimento genuíno, despertar o desejo do ideal cristão, o anseio de corresponder plenamente ao amor de Deus e o anelo de desenvolver e a sede de desenvolver o melhor do quanto Deus semeou na nossa própria vida (EG 171).

Guardando a riqueza do conteúdo espiritual deste texto denso e sem querer reduzi-lo, retenhamos que a caminhada do discernimento supõe escuta ativa e recíproca, exige tempo e paciência, está aberta à conversão a fim de responder melhor aos apelos de Deus na docilidade às inspirações do Espírito Santo e, enfim, confia na capacidade da graça de conduzir ao seu término o que ela começou a operar na vida de cada um.

Se o texto de *Evangelii Gaudium* permite apreender as atitudes gerais do discernimento, *Amoris Lœtitia*, entretanto, introduz certas atitudes que convêm mais especificamente ao discernimento particularmente dedicado a novas uniões após divórcio. Com efeito, na medida em que os assuntos familiares atingem a esfera íntima e privada, convém levar em conta tanto uma como outra. Eis por que o Papa convida, por um lado, os pastores a não ter medo de adentrar na intimidade sofredora dos divorciados que assumem nova união; trata-se de "escutar com carinho e serenidade, com o desejo sincero de entrar no coração do drama das pessoas e compreender o seu ponto de vista, para ajudá-las a viver melhor e reconhecer o seu lugar na Igreja" (AL 312). Ele recomenda, além disso, um recuo suficiente em relação às situações singulares que encontrará, para se expressar com atitudes "de humildade, discrição, amor à Igreja e a seu ensinamento, na busca sincera da vontade de Deus e no desejo de chegar a uma resposta mais perfeita possível à mesma" (AL 300). Nosso papel é ajudar cada um, com auxílio da graça, a acolher o lugar que Deus lhe preparou e continua a lhe oferecer na Igreja, manifestando um "amor que apesar de tudo não desiste" (cf. AL 118), jamais se apega ao passado, mas não fecha os olhos sobre as faltas e as ausências de amor. Por isso, o Papa lembra que "este discernimento nunca poderá prescindir da verdade e da caridade do Evangelho, propostas pela Igreja" (AL 300). Aos pastores, ele pede que aprofundem o sentido "da gravidade da questão" (AL 300).

Entre as atitudes espirituais que envolvem o modo de encaminhar o discernimento, é preciso ainda lançar o olhar sobre o futuro, à espera dos frutos que daí virão com a graça de Deus. No início do capítulo 8, o Papa lembra que o apelo à perfeição cristã deve evitar conduzir os fiéis ao desânimo, e cita longamente o relatório final do Sínodo de 2014, n. 25: "Apesar de ele propor sempre perfeição e convidar a uma resposta plena de Deus, 'a Igreja deve acompanhar, com atenção e solicitude, os seus filhos mais frágeis, marcados pelo amor ferido e extraviado, dando-lhes de novo confiança e esperança, como a luz do farol de um porto ou de uma tocha acesa no meio do povo para iluminar aqueles que perderam a rota ou estão no meio da tempestade' (AL 291). Entre os frutos que é legítimo e desejável vislumbrar, encontra-se 'o consolo e o estímulo do amor salvífico de Deus' (EG 44) e a paz da alma que busca uma certa segurança moral" (AL 303). Estamos abordando, assim, o campo do moral, que se apresenta como um aspecto central do processo de discernimento pessoal e pastoral, tal qual vislumbra Francisco.

5. A vida moral é uma modalidade essencial da integração na Igreja

Comecemos por observar que o Papa consagra um desenvolvimento importante às considerações morais, de modo que seu ensinamento completa e justifica de maneira significativa as orientações do Sínodo de 2015. Resumindo, seu esforço consiste em evitar que a única mensagem dirigida pela Igreja às pessoas divorciadas recasadas, gostem ou não, seja em suma: "Vós deveis participar da vida da Igreja, fiéis à missa dominical, mas sem jamais vos aproximardes da mesa eucarística". De semelhante mensagem só resta com frequência a parte negativa, essa dolorosa interdição que não para de ressoar no coração das pessoas feridas por seu itinerário de vida conjugal, de modo que traduzem: "Vocês doravante não são mais dignas, nunca mais, de se aproximar da comunhão". De modo a pôr fim ao que parece "uma condenação eterna", obviamente porque esta não é "à lógica do Evangelho" (cf. AL 297), Francisco esforça-se para mostrar, de várias maneiras, que as pessoas divorciadas engajadas em uma nova união portam em si inalienável dignidade moral. Não somente por princípio, mas também real e concretamente, porque é fruto da graça divina. Com efeito, a graça batismal não cessa de agir na vida das pessoas mediante sua ativa colaboração. A partir daí, o Papa se empenha em olhar de modo novo a tradição moral da Igreja. De conformidade com essa tradição e segundo um grande leque de perspectivas, ele apresenta as múltiplas maneiras com as quais a pessoa pode honrar sua dignidade e suas capacidades morais, mesmo quando se encontra numa situação objetivamente não conforme à lei moral.

O âmago de seu propósito é que a vida moral, tal como toda pessoa é chamada a praticar no presente, levando em conta suas possibilidades reais,[18] é uma modalidade essencial de integração eclesial. Fazer parte da Igreja significa, em primeiro lugar, responder a Deus conforme nossa condição batismal, na qual somos configurados ao Cristo pelo dom do Espírito Santo. É preciso ainda tomar consciência! A vertente moral do discernimento

---

[18] Sobre a necessidade de tomar consciência das possibilidades concretas das pessoas, é preciso lembrar-se da "autocrítica" contida em AL 36 ("Outras vezes, apresentamos um ideal teológico do matrimônio demasiado abstrato, construído quase artificialmente, distante da situação concreta e das possibilidades efetivas das famílias tais como são. Esta excessiva idealização, sobretudo quando não despertamos a confiança na graça, não fez com que matrimônio fosse desejável e atraente; muito pelo contrário!"), assim como da recompensa pedagógica contida em AL 273 ("Quando se propõe valores, é preciso fazê-lo pouco a pouco, avançar de maneira diferente segundo a idade e as possibilidades concretas das pessoas, sem pretender aplicar metodologias rígidas e imutáveis").

DIVORCIADOS VIVENDO EM SEGUNDO CASAMENTO

pessoal e pastoral visa, pois, suscitar uma inovação na integração espiritual do "santo povo de Deus":[19] graças a um acompanhamento pastoral apropriado, a pessoa está em posição de discernir a vontade de Deus para realizar o culto espiritual da oferta de si, que caracteriza, segundo São Paulo, a vida moral dos cristãos (cf. Rm 12,1-2). Esse processo de discernimento é susceptível de trazer paz às pessoas concernidas, porque ele as abre a um novo encontro com Deus rico em misericórdia, que não quer que "ninguém seja condenado para sempre" (AL 297).

Por que esse discernimento tem condições de trazer a paz? Porque permite "descobrir com certa segurança moral" (AL 303) que a qualidade da vida moral no segundo casamento é uma resposta suficiente aos apelos de Deus aqui e agora, levando-se em conta a "complexidade concreta dos limites, mesmo se [esta resposta] não atinge ainda plenamente o ideal objetivo" (AL 303). Ora, se ao referir-se à tradição do discernimento espiritual e pastoral descobrir que deixamos para Deus uma resposta satisfatória, é possível afirmar que se está em estado de graça. Argumentar assim supõe, todavia, que são ultrapassadas as oposições "simplistas" entre situações regulares e situações irregulares, pois todo santo povo de Deus é destinatário da graça misericordiosa que o coloca em marcha.[20] Deus continua a agir na vida dos divorciados

---

[19] FRANCESCO, op. cit.

[20] "De forma simplista, não há, de um lado, casamentos e famílias que funcionam, que vão bem, e, de outro lado, as famílias que não vão bem. [O Papa] fala desta realidade que concerne a todo mundo:

em segundo casamento e de todas as outras pessoas que vivem qualquer outra situação complicada (cf. AL 312), para convidá-los a dar passos suplementares. Argumentar assim supõe igualmente que sejam descartadas tanto a moral de obrigação como a moral de situação, e que se dê primazia à moral das virtudes a ser cultivada na vida familiar (cf. capítulos 4 e 7 de *Amoris Lætitia*).[21] O cardeal Schönborn mostra que esta opção retoma o *Catecismo da Igreja Católica* (CIC) e também a Encíclica *Veritatis Splendor* do papa João Paulo II, na qual não se pode deixar de lado o capítulo inaugural que enuncia o primado de uma vida segundo as virtudes.[22]

O eixo fundamental da argumentação moral de Francisco, já exposto, podemos examinar passo a passo como se desdobra em *Amoris Lætitia*.

6. Um discernimento sobre os condicionamentos e as circunstâncias atenuantes

Lembremos que a consciência tem capacidade de discernir o que se deve fazer aqui e agora. Segundo a fórmula

---

nós somos viatores, estamos a caminho. [...] além de regular ou irregular, somos mendicantes da graça. [...] Todos somos chamados a mendigar a misericórdia para desejar mais a conversão" (SCHÖNBORN, op. cit., p. 57, 59, 78).

[21] O verbo "cultivar" aparece treze vezes somente no capítulo 4: trata-se de cultivar as atitudes concretas do amor no seguimento de Jesus.

[22] SCHÖNBORN, op. cit., p. 46,50-51.

apresentada pelo Concílio Vaticano II, ela tem claro conhecimento, "no momento oportuno", de uma ordem interior que lhe ordena: "Faça isto, evite aquilo", e assim fazendo lhe permite obedecer à vontade do Criador.[23] No entanto, para tomar "consciência de sua situação diante de Deus" (AL 300), as pessoas divorciadas recasadas têm igualmente necessidade de realizar um discernimento sobre o passado, o qual exige uma avaliação da responsabilidade no fracasso da união sacramental e também do modo como se assumiram os engajamentos contratuais do casamento e que continuam a honrar, tanto quanto possível, particularmente em relação ao cônjuge e aos filhos. O Papa retoma aqui o relatório final do Sínodo de 2015: "Os divorciados em segundo casamento deveriam interrogar-se como eles se comportaram em relação aos seus filhos, quando a relação conjugal entrou em crise; se houve tentativas de reconciliação; qual é a situação do parceiro abandonado; quais são as consequências da nova relação sobre o restante da família e a comunidade dos fiéis" (AL 300). Como havia feito o Sínodo, o Papa observa igualmente que a extensão das faltas passadas se mede em parte pelos efeitos que persistem no presente,

---

[23] "Na intimidade da consciência, o homem descobre uma lei. Ele não a dá a si mesmo. Mas a ela deve obedecer. Chamando-o sempre a amar e fazer o bem e a evitar o mal, no momento oportuno a voz desta lei lhe soa nos ouvidos do coração: faze isto, evita aquilo. De fato, o homem tem uma lei escrita por Deus em seu coração. Obedecer a ela é a própria dignidade do homem, que será julgado de acordo com esta lei. A consciência é o núcleo secretíssimo e o sacrário do homem onde ele está sozinho com Deus e onde ressoa sua voz" (GS 16).

de sorte que o discernimento sobre o passado supõe uma apreciação da situação atual em sua globalidade.

Nesse exame de consciência sobre o passado, o acréscimo específico do Papa se refere justamente aos "condicionamentos e às circunstâncias atenuantes" (AL 301), assim como às "circunstâncias que atenuam a responsabilidade moral" (AL 302). Esse complemento enunciado com ênfase particular manifesta sua vontade de engajar sua autoridade magistral sem que ignore as opiniões contrárias: "Há uma questão que sempre se deve levar em conta", "já não é possível dizer que", "considero muito apropriado que eles queiram apoiar muitos Padres sinodais". O Papa não dá exemplos concretos. Ele evoca a existência de "condições concretas que não [...] permitem agir de maneira diferente e tomar decisões sem uma nova culpa" (AL 301). Em *Amoris Lætitia* 302, ele designa, em referência ao *Catecismo da Igreja Católica* (nn. 1735 e 2352), alguns elementos a levar em consideração, em vista dos quais se encontram "fatores psíquicos sociais" que "diminuem e talvez até suprimam a liberdade, portanto, a responsabilidade da falta" (cf. EG 44).

Como destacava o cardeal Schönborn, "*Amoris Lætitia* não desenvolve as exigências objetivas do laço conjugal já formuladas em *Familiaris Consortio*, mas traz uma consideração complementar sobre os condicionamentos atuais dos cônjuges no exercício de sua liberdade (situação de pecado, hedonismo, diferença na proximidade do casal...)".[24]

---

[24] SCHÖNBORN, op. cit., p. 85.

Esse ângulo de argumentação justifica que "já não é mais possível dizer que todos os que se encontram numa 'situação irregular' vivem em estado de pecado mortal, privados da graça santificante" (AL 301). Ainda que não sejam nominalmente evocados nesta parte da Exortação Apostólica, não esqueçamos que as influências culturais podem constituir poderosos condicionamentos. No parágrafo 39, o Papa denuncia vigorosamente "a cultura do provisório" e observa mais adiante que ela "impede o processo de crescimento constante" (AL 124). Os modelos sociais veiculados pela mídia podem desempenhar papel negativo não somente sobre a tendência ao divórcio, mas levar também rapidamente a um novo casamento após um fracasso conjugal; daí a grande dificuldade de honrar o respeito devido à aliança sacramental.

7. Um discenimento sobre a prática das virtudes

A argumentação de *Amoris Lœtitia* não depende somente de uma moral de dever e de respeito à lei moral. Certamente o Papa quer destacar, com o Sínodo de 2015, que certos "fatores [...] limitam a capacidade de decisão" (AL 301). Sabe-se da estima de Francisco pelo filósofo Paulo Ricoeur, que se dedicou a refletir sobre a relação entre o voluntário e o involuntário[25] e também sobre a complexidade do imputável não somente da falta, mas

---

[25] *La Phiulosophie de la volonté*, de Paul Ricoeur, é citada no n. 85 da Encíclica *Laudato Sí*.

também da ação em geral.[26] Todavia, o Papa ressalta, sobretudo com Santo Tomás, que pessoas globalmente virtuosas podem, no entanto, estar desprovidas de uma virtude em particular.[27] O estado de graça é global, como é global a vida virtuosa, em razão da conexão das virtudes entre si.[28] Esta afirmação de que certas pessoas podem estar em estado de graça, mesmo quando romperam a fidelidade da aliança sacramental, não depende, pois, somente de levar em conta os impedimentos da liberdade. Sua argumentação está baseada igualmente sobre uma moral das virtudes apropriadas para criar nelas disposições estáveis. Esses *habitus* do bem lhes permitem, facilmente, fazer o bem que sua consciência lhes permitiu conhecer.[29]

Segundo Francisco, a perspectiva pelo "bem desejável" induz a evitar o pecado.[30] Então, uma prática gene-

---

[26] RICOEUR, Paul. *Sé come un altro*. Milano: Jaca Book, 2011. A imputabilidade é a atribuição de uma ação contra alguém.

[27] "Santo Tomás de Aquino reconhecia que alguém pode ter a graça e a caridade, mas ser incapaz de exercitar bem alguma das virtudes" (AL 301).

[28] KEENAN, James F. *Virtues for Ordinary Christians*. Boulder/New York/Toronto/Oxford: Rowman & Littlefield, 2002.

[29] "É necessário desenvolver hábitos. Igualmente hábitos adquiridos depois da infância têm uma função positiva, ajudando para que os grandes valores interiorizados se traduzam em comportamentos exteriores santos e estáveis" (AL 266).

[30] "Relativamente à proposta moral da catequese, que convida a crescer na fidelidade ao estilo de vida do Evangelho, é oportuno indicar sempre o bem desejável, a proposta de vida, de maturidade, de realização de fecundidade sob cuja luz se pode entender a nossa denúncia dos males que a podem obscurecer" (EG 168).

rosa das virtudes cristãs que se apoia na vivência de uma virtude específica, necessariamente, não danifica o estado de graça. O Papa indica que sobre este ponto deve versar o exame de consciência, cuja importância espiritual aqui é sublinhada.[31] Esse exame de consciência confronta as pessoas com seus "limites", com sua condição humana marcada pela fragilidade, pela transgressão e pelo pecado. Ele as orienta para uma renovada confiança na graça misericordiosa que as convida a não desanimar e a retomar com coragem o caminho de crescimento.

Ainda que não seja explicitamente designada, pode-se pensar aqui sobre a fragilidade contemporânea no exercício da temperança sexual. Numerosos divórcios resultam de um desvio ou afastamento sexual com consequências dramáticas e dificilmente controladas, em razão do impacto afetivo e psicológico da infidelidade.[32] Entretanto, a dificuldade passada ou persistente em conseguir

---

[31] Em seguida, notamos que ainda não falamos do discernimento sobre o acesso à mesa eucarística, que a insistência sobre o discernimento, para todo batizado, sobre seu estado de graça, respeita o estabelecido pela tradição entre o estado de graça e a comunhão, de sorte que cada um deve "se examinar pessoalmente" (1Cor 11,28).

[32] Em vista do contexto cultural que minimiza os efeitos desastrosos da infidelidade sexual, pode-se interrogar, do ponto de vista pedagógico, sobre o relativo silêncio de *Amoris Lætitia* quanto à gravidade do adultério. A insistência recai principalmente sobre as consequências do divórcio, em termos "de sofrimento e confusão que afetam os filhos e famílias inteiras" (AL 298). A menção de adultério aparece três vezes na Exortação Apostólica, sempre em relação a João 8 e, portanto, com a atitude misericordiosa de Jesus para com a mulher adúltera.

bom domínio de si no campo da sexualidade não impede que se possa mostrar digno de fé, talvez até, por exemplo, em outros setores da vida: no trabalho, na vida social e mesmo familiar, quando se assumem aí suas responsabilidades paternais. A tomada de consciência permite finalmente reconhecer que se está mais integrado do que se pensa ao Corpo da Igreja, que é composto de pessoas que avançam com suas fragilidades no caminho da perfeição cristã. Esta consiste em voltar-se para Deus com confiança para receber a força para prosseguir na caminhada.

Tal atenção à fragilidade no exercício da temperança sexual não desmerece o apelo a "um amor que apesar de tudo não desiste, mesmo quando o contexto convida a outra coisa"; somente tal amor é "uma opção pelo bem que nada pode derrubar" (AL 118).

Lembremos que Francisco toma como exemplo o amor heroico de Martin Luther King, do qual cita longamente as palavras. Fundamentando-se sobre tal amor, o casal enganado pode perdoar as faltas do outro e o cônjuge culpado perdoar a si mesmo as quedas, por mais humilhantes que sejam (cf. AL 107). Esta exigência que procede do amor é acompanhada de uma objetividade que conduz o Papa, de maneira inédita, num documento do magistério, a levar em conta "a agressividade" (AL 103-104), a qual as ciências humanas mostram que faz parte integrante da afetividade e da sexualidade. Convida, então, a cultivar a virtude da paciência.

8. Discernir o bem que hoje é possível realizar

Francisco mantém seu raciocínio sobre a moral das virtudes, especificando o estatuto do "discernimento prático face a uma situação particular" (AL 304). O exercício desse discernimento prático faz parte da vocação moral do ser humano, sem que ele substitua – nem se confunda com – a reflexão racional sobre as normas universais, dócil à Palavra de Deus que melhor ajude a descobri-las. O julgamento prático não se reduz somente à aplicação da norma. Sem que o Papa insista sobre esse ponto, o julgamento prático em questão aqui é regulado pela virtude da prudência, assim como ensinado por Aristóteles e retomado por Santo Tomás de Aquino.[33] Segundo uma perspectiva mais personalista, recuperada por Francisco no capítulo 7, essa concepção provém de uma moral da liberdade, que deve ser ensinada com confiança e paciência, sem querer "controlar todos os seus movimentos" nem prevenir todos os passos em falso (AL 261). "A prudência, o reto juízo e a sensatez não dependem de fatores puramente quantitativos de crescimento, mas de toda uma cadeia de elementos que se sintetizam no íntimo da pessoa; mais exatamente, no centro da sua liberdade" (AL 261).

O bem que fazemos é resposta ao apelo de Deus

Visto que, por um lado, o discernimento conduz ao reconhecimento de "que se cometeriam novas faltas" ao

---

[33] SCHÖNBORN, op. cit., p. 5-53.

"voltar atrás" (AL 298) e, por outro lado, considerando-se o apelo ao seguimento da vida moral cultivando as virtudes conjugais e familiares na nova união, torna-se legítimo e até necessário questionar-se "que exemplo [a nova união] oferece aos jovens que devem preparar-se para o casamento" (AL 300), diante dessa união incompleta. Com efeito, "por causa dos condicionamentos ou dos fatores atenuantes, é possível que uma pessoa, no meio de uma situação objetiva de pecado – mas subjetivamente não seja culpável ou não o seja plenamente –, possa viver em graça de Deus, possa amar e possa também crescer na vida de graça e de caridade, recebendo para isso a ajuda da Igreja" (AL 305). A possibilidade de reconhecer humildemente os frutos do testemunho evangélico produzido pela união que permanecerá necessária e não sacramental, é um fator importante de integração espiritual na Igreja. Permite às pessoas envolvidas compreender "que o Espírito Santo derrama dons e carismas para o bem de todos" (AL 299). Pela fidelidade e gratidão por esses dons espirituais por meio de pessoas que vivem um segundo casamento, parece-nos que os pastores poderão interrogar-se sobre a possibilidade de associá-los à pastoral do casamento, ou talvez à preparação ao matrimônio, ou ainda ao acompanhamento de jovens casais nos primeiros anos de casamento – desde que, logicamente, não haja ocasião de escândalo e que o fracasso seja assumido e revisto à luz da graça misericordiosa.

Uma vez expostas e aceitas essas considerações morais, a última etapa do discernimento prático relativo à vida moral consiste nisto: "Ajudar a encontrar os caminhos possíveis de resposta a Deus e de crescimento no meio dos limites" (AL 305). Como vimos anteriormente, sob a ação da graça, a consciência "pode reconhecer com sinceridade e honestidade aquilo que agora é a resposta generosa que se pode oferecer a Deus e descobrir com certa segurança moral que esta é a doação que o próprio Deus está pedindo no meio da complexidade concreta dos limites, embora não seja ainda plenamente o ideal objetivo" (AL 303). Na perspectiva cristã enunciada por Paulo em Romanos 12,1-2, a resposta a Deus é a mais profunda expressão da vida moral, compreendida como oferenda de si segundo a missão sacerdotal e real recebida no Batismo. Discernir a vontade de Deus não é somente conhecer o ideal, mas a perspectiva do discernimento prático, identificar "o bem possível" *hoje porque* ele nos é inspirado pela "misericórdia do Senhor" (AL 308, retomando EG 44).

Almejar todo bem possível e somente o bem possível

Esse bem *possível* nos religa a nossa condição histórica profundamente limitada. É preciso discernir o bem que é possível "no momento", certamente, sob o ponto de vista pessoal, mas também sob o plano das possibilidades coletivas de nossa época. É o que enuncia Francisco na *Evangelii Gaudium*, referindo-se às propostas de Romano Guardini ao justificar que a plenitude da existência humana jamais é atingida independentemente das "possibilidades" específicas de determinada época (EG 224). O processo de discernimento pessoal e pastoral consiste, pois, em visar a todo bem possível e somente o bem possível. Daí resulta uma atitude espiritual de humildade que deve permear esse procedimento eclesial de ponta a ponta; portanto, situando-a na perspectiva missionária que a fundamenta e que conduz seus protagonistas a se considerarem simples "discípulos missionários" e nada mais. Visar *mais* que ao bem possível seria presunção, quando se trata de si mesmo, e falta de caridade, quando se trata do outro. "Um coração missionário [...] sabe que deve crer na compreensão do Evangelho e no discernimento nas veredas do Espírito, e então ele não renuncia ao bem possível, mas corre o risco de se sujar com a lama do caminho" (EG 45).

Essa humildade ante o bem que é possível na história humana convida as pessoas que vivem um segundo casamento a realizar um discernimento moral sobre o fato de viver como irmão e irmã. Se convém, certamente, que conheçam e respeitem o apelo que a Igreja lhes dirige de abster-se "de atos reservados aos cônjuges" (*Familiaris Consortio* 84) para se aproximar da mesa eucarística, a nota 329 de *Amoris Lœtitia* as convida, além disso, a levar em consideração a advertência de *Gadium et Spes* 51, ou seja, que com a falta da intimidade carnal "a fidelidade pode entrar em crise e o bem da prole pode ser comprometido". As pessoas devem, pois, discernir qual é o bem *possível*. Esta questão sensível, evocada por muitos Padres no Sínodo de 2015, nos conduz ao início de uma etapa ulterior de discernimento pessoal e pastoral: como identificar a conduta a ser mantida, concernente à comunhão eucarística, quando os casais não vivem como irmão e irmã na nova união?

Experimentar a paz de ter feito o melhor possível

Antes de tudo, é importante não se esquivar dessa relativa abertura do discernimento moral. Já que a questão diz respeito à integração eclesial das pessoas divorciadas que vivem um segundo casamento, é possível que a descoberta de que elas podem fazer o bem aqui e agora, levando-se em conta sua história e suas limitações, baste para lhes trazer paz e "alegria do amor" em sua atual situação. Na verdade, não se deve subestimar o impacto negativo, em termos de integração espiritual à Igreja, da falta de entendimento das razões morais que tornam possível permanecer em uma nova união sem, com isso, viver em estado de pecado mortal. Nesse caso, os esclarecimentos dados pelo papa Francisco são decisivos. Eles mobilizam um conjunto de considerações bem conhecidas da teologia moral católica, mas pouco aplicadas na pastoral das pessoas divorciadas que vivem um segundo casamento, em que a questão sacramental é por vezes formulada prematuramente. Esses esclarecimentos dão igualmente um impulso novo à teologia da misericórdia e da graça divina como fontes de "crescimento no meio dos limites".

Nesta perspectiva é que nos parece se deva compreender a afirmação muito enfática da *Amoris Lætitia* 306: "Em toda e qualquer circunstância, perante quem tenha dificuldade em viver plenamente a lei de Deus, deve ressoar o convite a percorrer a *via caritatis*". O caminho da caridade está ao alcance de todos e facilita o perdão dos pecados, como indicam as citações das Escrituras e as patrísticas, contidas no mesmo parágrafo. Portanto, a caridade vivida é o melhor caminho para integração "ao santo povo fiel de Deus".[34] O discernimento da caridade já vivida e da caridade que é possível viver constitui o cerne do processo de discernimento pessoal e pastoral proposto pelo Papa. Quem quer que sejamos, "a tomada de consciência de nossa situação diante de Deus" passa fundamentalmente pelo discernimento da caridade. É possível que, pela falta de catequese e de anúncio adequados, numerosos fiéis divorciados e unidos em segundo casamento não tenham satisfatoriamente consciência da caridade que já impregna sua vida e que os religa profundamente à Igreja em marcha, quando, por exemplo, se ocupam com paciência e atenção de seus filhos e netos, ou de seus pais e avós idosos e dependentes em suas famílias estendidas. Também é possível que, crendo-se descartados pela Igreja, percam o gosto pelo crescimento na caridade vivida na situação em que se encontram. Para eles, a mensagem de *Amoris Lætitia* será uma boa-nova capaz de revigorá-los em seu desejo e na alegria de progredir na caminhada do amor, levando em conta as "limitações" de sua história.

---

[34] Desse ponto de vista, discordamos um pouco do cardeal Schönborn (op. cit., p. 80-128), ao lermos o parágrafo 306 na perspectiva de uma integração moral e espiritual, em vez de interpretá-lo como uma integração sacramental. Afinal, a nota 351 sobre a ajuda dos sacramentos se refere a AL 305 e não a AL 306, que, começando por "em toda circunstância", anuncia que a *via caritatis* será vista sob uma perspectiva mais geral.

9. Um discernimento sobre o acesso à comunhão sacramental

A palavra do Papa é discreta e bem delimitada, mas segura

Concernente ao modo sacramental de integração eclesial das pessoas divorciadas que vivem em segundo casamento, a palavra do Papa é discreta e circunscrita, mas pelo menos existe. Todos os aspectos devem ser considerados em conjunto para uma interpretação equilibrada. Discreta, esta palavra figura explicitamente na nota 336, em que trata da "disciplina sacramental", e na nota 351, que evoca "ajuda dos sacramentos" ao citar "confessionário" e "Eucaristia". Bem delimitada, a palavra do Papa não considera a ajuda do sacramento do Matrimônio, nem mesmo sob a forma penitencial de uma bênção nupcial a título de "economia", assim como na prática das Igrejas ortodoxas. Enfim, o Papa expressou-se claramente. Mesmo que ele tenha feito por meio de notas de rodapé, isso não diminuiu a autoridade de seu ensinamento, sobretudo porque se trata de notas explicativas que esclarecem e precisam o corpo do texto, e, ademais, seu conteúdo está ligado de modo relevante à argumentação do capítulo. Além disso, o Pontífice enfrenta uma pergunta sobre a qual o Sínodo de 2015 não havia falado, uma vez que seria difícil chegar a um acordo sobre esse ponto com dois terços dos participantes. Francisco, portanto, exerce o ministério papal ante o Sínodo dos Bispos de acordo com o princípio reiterado no final da sessão extraordinária de 2014 e retomado no documento de trabalho de 2015: *Cum Petro et sub Petro*.[35] O peso desse ensinamento foi reforçado, mas ao mesmo tempo convida a um trabalho ativo de recepção nas Igrejas locais.

Tanto quanto o Sínodo de 2015, *Amoris Lœtitia* não se preocupa em lembrar a disciplina sacramental concernente às pessoas divorciadas que vivem uma nova união, nem em repetir seus argumentos. Em contrapartida, a indissolubilidade do casamento é afirmada onze vezes na Exortação Apostólica e o Papa retoma, por sua vez, um apelo muito preciso do Sínodo de 2015: "Os sacerdotes têm o dever de 'acompanhar as pessoas interessadas no caminho do discernimento, em conformidade com o ensinamento da Igreja e com as orientações do bispo'" (AL 300). Francisco afirma claramente que "a compreensão pelas situações excepcionais não implica jamais esconder a luz do ideal mais pleno nem propor menos de quanto Jesus oferece ao ser humano" (AL 307). Sobre esse propósito, lembremos que, em relação à Sagrada Escritura, a tradição cristã considera unanimemente o adultério como falta grave e os motivos pelos quais os divorciados que vivem um segundo casamento devem se abster de comungar são enumerados no n. 84 de *Familiaris Consortio*: "Seu estado e condição de vida estão em contradição objetiva com a comunhão de amor, entre Cristo e a Igreja,

---

[35] "O diálogo sinodal tratou de várias questões pastorais mais urgentes, devendo encontrar soluções concretas nas Igrejas locais, na comunhão *cum Petro et sub Petro*" (IL 69 [29]).

tal qual ela se exprime e se torna presente na Eucaristia. Aliás, há também outro motivo pastoral particular: se essas pessoas são admitidas à Eucaristia, os fiéis seriam induzidos a erro e entenderiam mal a doutrina da Igreja concernente à indissolubilidade do casamento".

A norma geral permanece, mas é preciso discernir o particular

A partir disso, parece importante afirmar que a norma geral permanece, a saber, que os fiéis vivendo em segundo casamento devem se abster de comungar. O processo de discernimento pessoal e pastoral não se absteria desta norma. Ela permanece o caminho mais seguro e desejável de fidelidade a Deus, após a ruptura de um casamento sacramental, cuja nulidade não tenha sido reconhecida no final de um processo canônico. Nesse sentido, à comunhão de desejo,[36] nutrida pela graça batismal, resta ainda a via geral de integração espiritual do santo povo fiel de Deus, marcado pela unção do Espírito Santo.

Todavia, considerando-se que a disciplina sacramental é fundamentada sobre as considerações morais, convém igualmente levar em conta o princípio enunciado em *Amoris Lætitia* 304, segundo o qual o discernimento moral não se detém nem no caráter objetivo da transgressão

---

[36] A hipótese que recomenda às pessoas divorciadas a "comunhão espiritual", a qual tinha sido mencionada por alguns Padres no Sínodo de 2014, não foi aceita nem pelo Sínodo de 2015 nem por *Amoris Lætitia*. Ao falar da comunhão de desejo, não ocultamos o sofrimento inerente a um desejo sem comunhão eucarística.

de uma lei moral nem no julgamento normativo que nos permite conhecer essa lei moral que é dada por Deus para a vida do homem e para a vida do povo (cf. Dt 32,45-47).[37] O exame de consciência será feito, pois, sobre uma apreciação da responsabilidade subjetiva em seu contexto particular: "As normas gerais apresentam um bem que não se deve jamais ignorar ou negligenciar, mas, na sua formulação, não podem abraçar absolutamente todas as situações particulares" (AL 304). Então, quais são as situações particulares que podem levar, em certos casos, a considerar o recurso do "auxílio dos sacramentos", não obstante o fato de que a ruptura do laço matrimonial está em "contradição objetiva" com o mistério da aliança celebrada na Eucaristia?

O Papa adverte contra tudo que poderia parecer "exceções" ou "privilégios" concedidos a certas pessoas em matéria de sacramentos (AL 300). Ao mesmo tempo, ele cita Santo Tomás em *Amoris Lœtitia* 304: "No âmbito da ação, [...] quanto mais se desce ao particular, tanto mais aumenta a indeterminação". A chave se encontra na argumentação moral desenvolvida por Francisco. Relacionada à questão da imputabilidade tratada em *Amoris Lœtitia* 302, a necessidade de levar em conta as "circunstâncias atenuantes" implica que "não é mais possível dizer que todos os que se encontram numa determinada situação

---

[37] CATECISMO DA IGREJA CATÓLICA, n. 1950: "A lei moral é obra de Sabedoria divina. Pode-se defini-la, no sentido bíblico, como uma instrução paternal, uma pedagogia de Deus".

dita 'irregular' vivem numa situação de pecado mortal, privados da graça santificante" (AL 301). E para precisar melhor que a ignorância não é o único fator susceptível de atenuar a responsabilidade subjetiva, ele acrescenta em seguida: "Os limites não dependem simplesmente de um eventual desconhecimento da norma" (AL 301). O Papa conclui que é preciso distinguir entre situação objetiva e culpabilidade (AL 302). Mesmo tendo indicado que ele não previa "uma nova normativa geral de tipo canônico, aplicável a todos os casos" (AL 300), convida claramente na nota 366 a reconsiderar a interpretação comum do cânone 915[38] sobre o discernimento da responsabilidade moral. Já que "as consequências ou efeitos de uma norma não devem necessariamente ser sempre os mesmos" (AL 300), a persistência no pecado grave e manifesto não deve ser avaliada somente pela gravidade objetiva da situação, negligenciando a culpa subjetiva. Tal é o ensinamento do Papa. Ele não modifica a norma canônica, mas se apoia sobre a tradição moral para modificar a interpretação comum, a fim de dar lugar à interpretação do caso particular na avaliação da culpabilidade das pessoas.

---

[38] CÓDIGO DE DIREITO CANÔNICO, n. 915: "As excomunhões e interdições, após inflicção da declaração da pena, e aqueles que persistem com obstinação num pecado grave e manifesto, não serão admitidos à Santa Comunhão".

Discernir um estado de graça e uma necessidade evidente de apoio sacramental

O fato é que o discernimento pessoal e pastoral de fatores que "diminuem e mesmo suprimem a responsabilidade e, portanto, a imputabilidade da falta" (AL 302) não basta, por si só, para abrir caminho a uma reintegração eclesial sob o aspecto sacramental. Convém complementar com um discernimento espiritual. Aqui é importante reler com atenção a nota 351 do referido texto. Com efeito, não se trata somente de discernir em algumas pessoas a necessidade imperiosa da "ajuda dos sacramentos", principalmente da Eucaristia, como "generoso remédio e alimento para os fracos" (AL 305, nota 351, em referência a EG 44 e 47). Convém também discernir um estado de graça que recorre ao sustento sacramental para continuar a se manifestar: "Por causa dos condicionalismos ou dos fatores atenuantes, é possível que uma pessoa, no meio de uma situação objetiva de pecado – mas subjetivamente não seja culpável ou não o seja plenamente –, possa viver em graça de Deus, possa amar e possa também crescer na vida de graça e de caridade, recebendo para isso a ajuda da Igreja" (AL 305).

Atenção! Não se trata de medir a qualidade de uma vida moral que mereceria, de alguma forma, o acesso à Eucaristia: a nota 351 relembra que ela "não é um prêmio destinado aos perfeitos". Trata-se, pois, de discernir conjuntamente, na vida das respectivas pessoas, uma fraqueza particular e uma caridade ativa, as quais atestam que a graça misericordiosa de Deus está agindo na vida delas, de modo que o ardente desejo de comungar provém não delas mesmas, mas de Deus, que as faz participantes de sua caridade. Ou seja, certas pessoas recuperam a paz e a dignidade tomando consciência de que elas dão a Deus a resposta que ele espera delas. Contudo, para outras, a privação da comunhão representa um empecilho tal que elas se sentem bloqueadas no seu caminho de crescimento espiritual. Em semelhantes casos, sem dúvida raros e cuidadosamente identificados, não está excluída a possibilidade, ao final do itinerário do discernimento, de acesso à comunhão, mas com discrição. Trata-se, então, de sempre discernir um início de reintegração no "santo povo fiel de Deus", que é fruto da graça: o acesso ao sacramento, por sua vez, consolidará essa reintegração de acordo com a fraqueza das pessoas envolvidas.

Observamos que essa maneira de pensar está de acordo com a tradição do discernimento pastoral relativo ao acesso aos sacramentos: a entrada no catecumenato supõe que tenha sido possível discernir nos candidatos ao Batismo "um princípio de fé concebida durante o tempo do 'pré-catecumenato'".[39] Ou, ainda, não devemos esquecer que o confessor é obrigado a discernir o arrependimento e a disponibilidade em reparar, na medida em que essas atitudes manifestem que a graça do perdão de Deus dispôs o penitente a receber a absolvição sacramental.

---

[39] RITUAL DE INICIAÇÃO CRISTÃ DE ADULTOS, n. 15.

Ao entrar no domínio do discernimento espiritual da ação da graça, entretanto, não se deixou de lado o da teologia moral, pois os dois estão ligados. Em AL 311, o Papa lembra que "o ensino da teologia moral [...] se deve por um cuidado especial em evidenciar e encorajar os valores mais altos e centrais do Evangelho, particularmente o primado da caridade como resposta à inciativa gratuita do amor".[40] Esta afirmação vale para os protagonistas do discernimento pessoal e pastoral, leigos e pastores, que se devem aplicar, mutuamente, a identificar "os caminhos possíveis de resposta a Deus e de crescimento no meio dos limites" (AL 305). As pessoas divorciadas que vivem um segundo casamento são convidadas a reconhecer humildemente, em todas as suas boas ações, um dom gratuito da misericórdia divina. Quanto aos pastores, são encorajados a "ceder ao amor incondicional de Deus" e a não esquecer que "a misericórdia é a plenitude da justiça e a manifestação da mais luminosa verdade de Deus" (AL 311). Ainda que este argumento não seja mencionado em *Amoris Lœtitia*, parece-nos coerente com a tradição do discernimento moral, igualmente, levar em consideração, na conduta do discernimento pessoal e pastoral, a aspiração da pessoa em conservar sua vida, quando a privação à comunhão eucarística torna-se insustentável durante esse tempo. Por analogia poder-se-ia raciocinar apoiando-se na autoridade de São Tomás, que, na questão de legítima

---

[40] Esta formulação evoca claramente o grande livro de GILLEMANN, Gerard, S.I. *Il primato della carità in teologia morale*. Brescia: Morcelliana, 1959.

defesa, estimava que a proibição escritural do assassinato poderia, em certas ocasiões, "proteger sua vida e manter sua existência".[41]

10. Atitudes que envolvem decisões de foro íntimo

Em suma, o discernimento pessoal e pastoral visa permitir, "no foro íntimo" (AL 300), a realização das etapas espirituais que podem necessitar de tempo. Em AL 308, o Papa remete a uma passagem da *Evangelii Gaudium*: "Sem diminuir o valor do ideal evangélico, é preciso acompanhar com misericórdia e paciência as etapas possíveis de crescimento das pessoas, que se vão construindo dia após dia" (EG 44). Notemos em *Amoris Lœtitia* que o verbo "construir" aparece no contexto de um engajamento moral, de "decisões" apropriadas para "remodelar continuamente" o laço entre as pessoas (AL 164), mediante "rituais diários compartilhados" (AL 226). As etapas espirituais desembocam necessariamente em "decisões" de comportamento, relativas ao foro íntimo, social e eclesial. Essas sucessivas etapas, por sua vez, apelam a outras, de sorte que as decisões devem ser tomadas por um tempo razoável. "Este discernimento é dinâmico e deve permanecer sempre aberto a novas etapas de crescimento e novas decisões que permitam realizar o ideal de forma mais completa" (Al 303).

---

[41] SANTO TOMÁS DE AQUINO. *Suma teológica*, II.

Já que as decisões apresentadas aqui sobre o modo de integração eclesial devem evitar "todas as ocasiões de escândalo" (AL 299), precisam levar em consideração o que encaminha para uma grande integração no plano moral, espiritual e sacramental, promovendo crescimento e conversão. "O diálogo com o sacerdote, no foro íntimo, concorre para a formação de um juízo reto sobre aquilo que impede a possibilidade de uma participação mais plena na vida da Igreja e sobre os passos que podem favorecê-la e levá-la a crescer" (AL 303). Enfim, lembremos que as atitudes que presidem o processo de discernimento devem igualmente envolver a realização das decisões tomadas conscientemente, que afetarão as práticas eclesiais e sociais. Convém que as pessoas deem testemunho de "humildade, discrição, amor à Igreja e ao seu ensinamento", sobretudo com a preocupação de satisfazer "as exigências da verdade e da caridade do Evangelho, propostas pela Igreja" (AL 300).

Sobretudo quando o discernimento leva a aproximar da mesa eucarística, é indispensável recomendar grande discrição, "para evitar escândalo ou desmoralização de outros fiéis que lutam para continuar fiéis a Deus nesse domínio".[42] Na medida em que o discernimento pessoal e pastoral, em última análise, é de ordem espiritual, torna legítimo que o encontro com Deus, que tornou isso possível, permaneça envolto em discrição. Não se trata jamais de lançar um véu de modéstia sobre uma prática

---

[42] SCHÖNBORN, op. cit., p. 84.

eucarística que, de certa maneira, permaneceria mancha-da de faltas. Ao contrário, é uma questão de entrar na tradição evangélica de discrição no que diz respeito às visitas de Deus, como testemunharam Maria e José ao longo da vida. Ela conservou em seu coração a mensagem recebida do anjo Gabriel; ele tem um sonho noturno que lhe anuncia o nascimento de Jesus, filho de Maria. A dis-crição é uma atitude espiritual.

CONCLUSÃO

Acrescentemos, enfim, que a ação de graças ao Deus rico em misericórdia e a imersão confiante na "alegria do amor" são os frutos esperados num processo de discernimento conduzido pela Igreja. Em relação a esse assunto, as pessoas que vivem um segundo casamento são convidadas a orar em família, tal como diz AL 318: é necessário lembrar-se cada dia de "pedir ajuda para amar, dar-lhe graças pela vida e as coisas boas, suplicar à Virgem que os proteja com o seu manto de Mãe" (AL 318).

"A oração em família é um meio privilegiado para exprimir e reforçar esta fé pascal. Podem-se encontrar alguns minutos cada dia para estar unidos na presença do Senhor vivo, dizer-lhe as coisas que os preocupam, rezar pelas necessidades familiares, orar por alguém que está atravessando um momento difícil, pedir-lhe ajuda para amar, dar-lhe graças pela vida e as coisas boas, suplicar à Virgem que os proteja com o seu manto de Mãe. Com palavras simples, este momento de oração pode fazer muito bem à família."

Amoris Lætitia, 318

Rua Dona Inácia Uchoa, 62
04110-020 – São Paulo – SP (Brasil)
Tel.: (11) 2125-3500
http://www.paulinas.com.br – editora@paulinas.com.br
Telemarketing e SAC: 0800-7010081